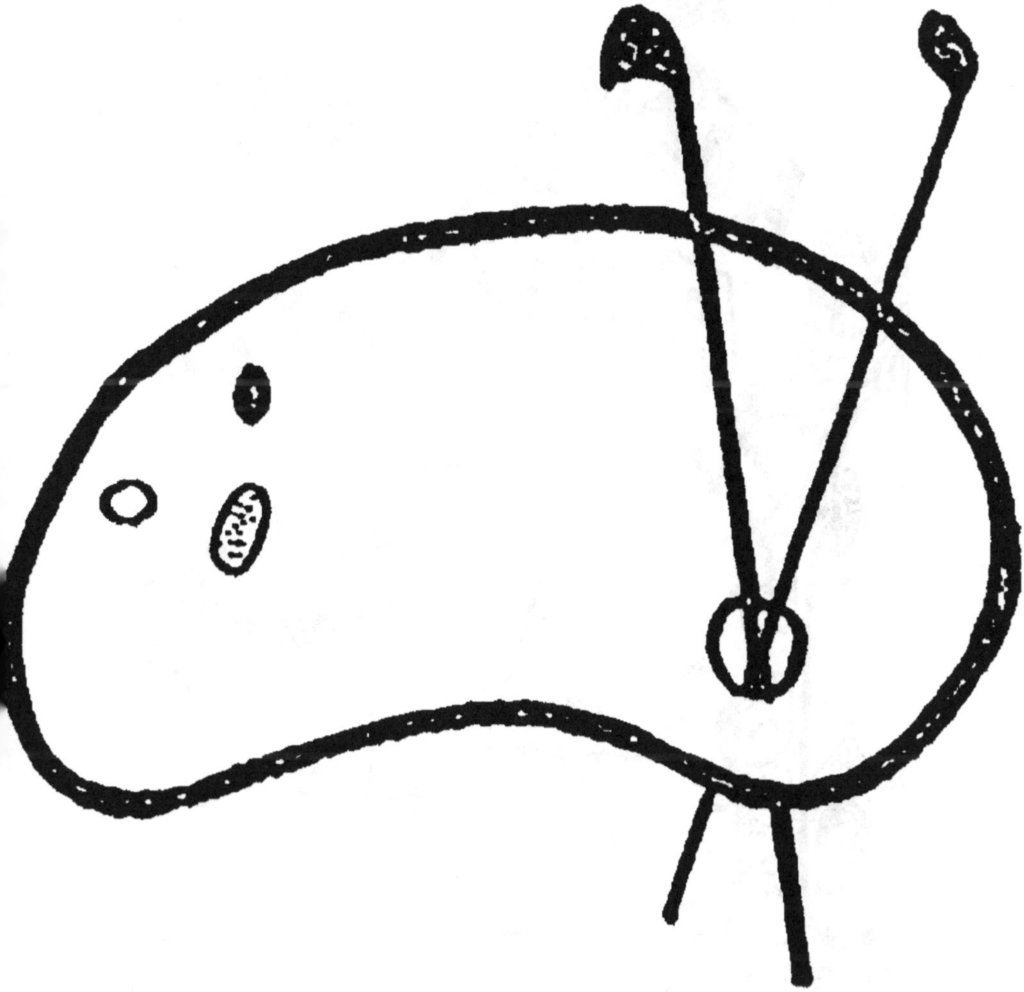

COUVERTURE SUPERIEURE ET INFERIEURE
EN COULEUR

GUIDE DES BAIGNEURS LE LONG DES CÔTES

AUX AMANTS DE LA MER

AUX
AMANTS
DE
LA MER

PAR

Jules SINCÈRE

CHATEAUROUX
IMPRIMERIE ET LITHOGRAPHIE L. BADEL
—
1896

AUX AMANTS DE LA MER

I

D'ANCENIS A NANTES.

... Un grincement des freins, une glissade sur les rails... le train s'arrête et, de la portière ouverte par de jeunes mariés de Port-Boulet, paysan et paysanne se becquetant comme pigeon et palombe, entrent dans un coup de vent, la blancheur de l'aube, des bruits de pas sur le quai, et ce cri lancé par la voix mordante d'un conducteur méridional : *Ann Cenis, Annecenis.*

Ancenis ! rejetons la couverture, secouons l'engourdissement d'une nuit sur le cuir tassé des troisièmes, éveillons-nous. La gare, mi-sombre encore, est d'aspect sévère, le cadran se meurt ; là-haut, les vitres de la marquise tournent au pâle. Personne, à cette heure, et recommence :

> La trépidation excitante des trains
> Qui cause des frissons... énervants dans les reins.

De suite, par ce phénomène particulier aux éveils soudains, loin des lieux familiers, quand l'esprit on dirait, s'éveille avec plus d'acuité, des souvenirs précis me reviennent, comme une volée d'oisillons rappelés par leur mère... Souvenirs des bancs de l'école, de causeries, de... vraiment, je ne sais d'où ?

Ce nom, d'abord, *An Dennès*, signifiait à la fois forêt et rivière. *Andennès*, d'où, par une simple transposition, *An'enesium*, puis, moins dur pour les oreilles délicates des latins : *Ancenesium*.

Jusqu'au quatorzième siècle, entre des rives où croissaient à l'aise les essences de saules jamais touchés de la hache, le flux remontait à cette bourgade qui se trouvait port de mer ; aujourd'hui, que d'autres ergotent, nous, pèlerin, constatons : l'onde amère ne vient plus troubler le flot limpide de la Grande Rivière.

Sur cette rive — l'autre est du Maine-et-Loire, — la petite ville, moins de 5.000 habitants, commerçante tout de même, lentement défile, toutes portes closes, endormie ; passent les toits blanchis des pâleurs de l'orient, des ruelles antiques enchevêtrées, une tour menaçante près d'un château restauré, un clocheton à jour qui doit être la chapelle des Cordeliers, le campanile du marché couvert...

Oui, aussi vite que le train qui, presque vide, de plus en plus trépide, des souvenirs me reviennent fidèles, et s'effacent, tels ces arbres qui se présentent et fuient dans le coup de vitesse : Les sièges de saint Louis, Louis XI et la Trémouille... La réconciliation de Clisson, dont le castel pointe par là, sous l'horizon, par l'entremise de Philippe-le-Hardi avec le duc de Bretagne.

Henri IV et le fameux Mercœur y tinrent des conférences... Et Gilles de Retz — qui connaît Gilles de Retz aujourd'hui, autrement que sous le nom de Barbe-Bleue — par là aussi, masqué sur son destrier bardé de fer, courait la campagne, ravissait les enfantelets pour se repaître de chair fraîche. Pour se réchauffer les pieds, précisent de vieilles chroniques, il les fourrait dans les entrailles de ses victimes... Dénoncé pour le meurtre de sa septième femme, Charles VII le fit appréhender — la capture en fut difficile — et il fut pendu haut et court à Nantes, dans la prairie de Bièce... J'en ai rêvé de ce Gilles ! Après le récit de grand'mère, longtemps, les nuits, le nez sous les draps, je revoyais la Tour, sœur Anne agitant son mouchoir, la septième épouse, jeune, pâle et blonde, agenouillée, en larmes, et le cabinet où s'alignaient les cadavres des six autres.

... Mais, foin de Barbe-Bleue et des hobereaux qui, si longtemps, tinrent cette terre en servitude. À travers le double rideau de saules et de peupliers, ceux-là en plaques glacées, entre les ondulations, une blancheur luit, se dérobe, luit encore, attirante...

La voie oblique et, à un détour, le fleuve s'étale en coulée tranquille, si large qu'il donne même ici, à 38 kilomètres de Nantes, l'illusion de la mer vers laquelle nous courons.

Dès lors, amoureusement, le train la suit, la Loire belle, jusque dans ses courbes, et, à mesure que l'orient s'allume, se teinte de jaune, de rose et de pourpre, les vaguelettes, refoulées par la brise, roulent, en les nuançant mille fois, les couleurs de l'aube.

Nous côtoyons le massif qui se relève après Nantes et va mourir à Pont-Château, près du Morbihan, sous le nom de *Sillon de Bretagne*. Sous de rapides tunnels, le train coupe d'énormes rochers dont les griffes s'allongent jusques aux sables. Sur l'autre rive, couronnée des premiers rayons d'un clair soleil, les châteaux apparaissent, emmitouflés dans les verdures humides et d'autant plus scintillantes, encadrés par les pampres couleur d'or qui donnent le sémillant vin blanc, des maisons aux blanches façades, des castels encore en ces sites charmants, au flanc des côteaux, au fond des gorges, des églises aux flèches élégantes ; et toujours des pampres et des verdures, des ponts en pierre dont les arches multiples s'enlèvent sur l'armature sombre des ponts métalliques.

Derrière ces coteaux est le Pallet, patrie d'Abailard. En 1079 — comme cette date me revient ! — y naquit le rival de saint Bernard. Héloïse y mit au monde ce fils qu'elle appela Astrolabe... On sait les malheurs d'Abailard, le sort d'Héloïse se retirant « pour verser toutes les larmes de son corps » sur les bords de la Sèvre. Miracle d'un amour pas encore dépassé ! On ne lit plus les harangues subtiles du vainqueur de Guillaume de Champeaux, mais on montre la grotte où des journées entières se lamentait Héloïse, et les amantes délaissées, de Paimbœuf à Clisson et Machecoul, s'y rendent en pèlerinage.

Le train roule, s'éloigne de la Loire, y revient pour la quitter. Les routes, les champs se peuplent. Des paysannes, en bonnet de tulle, guident des vaches vers les pâturages ; des troupeaux d'oies, avec une gaule flexible, vers les mares. Les prairies succèdent aux prairies, ourlées de leurs rideaux de saules ; les bourgs, en vis-à-vis sur les deux rives, aux hameaux, castels et maisons de maîtres. Tels des monstres marins aux écailles luisantes, avec des queues et des nageoires épanouies dans l'onde, les îlots de sable se remplacent chargés d'une végétation d'oasis... Les chalets, les jardins sont plus nombreux. Voici, chevauchant le fleuve, d'une belle venue, le pont du chemin de fer vers Bordeaux, avec bifurcation pour les Sables, Paimbœuf et Pornic.

Nous entrons sous le hall que le vent d'ouest doit joliment enfiler l'hiver... C'est Nantes.

Des soldats, marsouins en habits bleus qui vont rejoindre à Saint-Nazaire ou à Brest, se penchent aux portières, débraillés, gouailleurs.

— Eh ! monsieur ? crie Dumanet.

L'employé lâche sa brouette et, poliment, se retourne.

— Ous qu'est Saint-Nazaire ?

L'autre hausse les épaules — il a été *mélétaire* aussi, dans le temps — et se sauve en grommelant cependant que le train stoppe.

II

NANTES.

En pleine gare on a déjà une vision nette de Nantes, les quais, les bassins, une forêt de mâts où battent, dans les lueurs jolies du matin, des flammes aux vives couleurs, des cheminées d'usines, chantiers de construction, raffineries, fabriques de conserves alimentaires, la façade enluminée de la manufacture Lefèvre-Utile — et le château, à deux pas, après la place de madame Anne, de grand style malgré ses retapes, avec son écusson au front, les armes de la ville : *De gueules au navire aux voiles éployées d'argent*, et cette devise : *Favet Neptunus eunti*.

Arrêtons-nous ici, comme on chante dans le *Chalet*.

Je n'avais jamais vu Nantes, pas même sur gravures — qu'en rêve — et je me l'imaginais ainsi, de par les récits d'un marin de Roscoff qui avait roulé sa bosse sur toutes les escadrilles de l'ouest, des pontons peut-être..

Après plusieurs rasades d'eau-de-vie de pomme, le vieux me chantait cette sentimentalité que je trouvais, j'avais vingt ans, lors, adorable, et que je trouve aujourd'hui merveilleuse :

>Jean Noël, matelot de Nantes,
>A sa femme, disait un soir :
>J'ai vu des choses étonnantes,
>... Mais je ne veux plus les revoir.

Et savez-vous pourquoi ce Jean Noël, matelot nantais, breton bretonnant, ne désire plus revoir ces choses étonnantes, en effet, en ce temps de navires à voiles, la Chine, ses maisons en porcelaine, des animaux et des oiseaux étranges, des fleuves couleur de sang ou de jacinthe, les Iles mystérieuses, des contrées et des villes dont les noms sonnent comme de l'or heurté, où des Dames aux visages amarante se disputent le hardi navigateur, c'est que, ainsi qu'il le chante :

... De Singapoor à Nantes,
Mes yeux n'ont rien vu d'aussi beau
Que notre enfant, lorsque tu chantes
Pour l'endormir dans son berceau.

Ah ! ce qu'il avait raison le Jean Noël de la romance. Flânant sur les quais, en attendant le départ du train, courbé sur les parapets, les yeux sur le flot montant et les barques amarrées à la file, dans chaque gaillard à poitrine velue, au col bruni par les embruns, au regard loyal comme les regards de ceux accoutumés aux lointains horizons, dans chaque mathurin goudronné, parcheminé, balayant le pont, orientant une voile, appareillant pour redescendre avec la mer, je cherche le Jean Noël — et je retrouve en moi ce tableau du Louvre, inspiré peut-être par cette chanson naïve :
... La mer au loin... Sur la côte, une masure où le plafond et les murs disparaissent sous des filets et images de la bonne Vierge, une barcelonnette taillée dans les débris d'une barque, sur laquelle se penche une jeune femme et, dans la porte, le marin retour de croisière, son sac à la main, qui contem-

ple cette scène... Un marin, semblable à celui qui consolide des haubans sur les quais de Nantes, une tournure de corsaire ou de négrier que démentent les yeux, très doux, de la race...

N'en déplaise à Rennes, ville froide et morte, la capitale de la Bretagne, c'est Nantes. Plus d'un royaume en serait fier.

Je reviens au château fondé par Alain Barbe-Torte — Barbe-Torte et Barbe-Bleue, Barbe-au-Vent, un corsaire, les drôles de barbes par ici — et dont le Vert-Galant, qui s'y connaissait, disait : « Ventre-Saint-Gris, les ducs d'icelui n'étaient pas petits compagnons. »

Un lierre où par milliers nichent les pierrots et où se réfugient les oiseaux de mer à l'aile brisée, monte à l'assaut des trois tours crénelées. Certes, ils n'étaient pas « petits compagnons » les ducs ni leurs hommes d'armes. Ce Barbe-Torte chassa les Normands, reconstruisit Nantes où poussait l'ortie et fit trois parts de la ville, une pour lui, parce qu'il s'appelait Lion, l'autre pour l'évêque, la troisième pour ses guerriers. Mais l'évêque, ceci est édifiant, voulut bientôt tirer toute la couverture. Il percevait, en plus du tiers des revenus de la ville, les droits de *tierçage* et de *past nuptial*. Il en cuisit à Barbe-Torte de son vivant, davantage encore à ses successeurs. On vit les ducs de Bretagne, frémissants, mais domptés, porter l'évêque sur leurs épaules depuis le parvis jusqu'à l'autel, le fier Jean IV placer sa noble épaule sous la litière épiscopale.

Jean V, « maladif d'esprit, » dota la ville d'une cathédrale nouvelle. Elle fut dédiée à saint Pierre.

On y lit encore cette inscription :

> L'an mil quatre cent trente-quatre,
> A my-avril, sans rien rabattre,
> Du portail de cette église
> Fut première pierre assise.

C'était une terre miraculeuse. A la voix d'Alain suppliant le ciel de donner à boire à ses hommes — l'Erdre, la Sèvre et le Sail étaient-ils donc taris, si les eaux de la Loire étaient saumâtres ? — une fontaine, la *font Notre Dame*, avait jailli. Saint Martin, un grand voyageur de ce temps, car on le trouve partout, en Berry, au pays d'Auvergne, en Provence, donnait des ordres à un ours qui avait dévoré son âne, et l'ours, ce mal léché, rendait l'animal !... Saint Bernard chassa un démon lascif — la belle histoire ! — qui, depuis trente lunes, tourmentait une dame de qualité.

Pillée souvent, brûlée encore, la vieille capitale des Namnètes (*Condivicnum Namnetum*) se relevait, plus riche, de ses ruines

En ce château, le 25 janvier 1477, naquit Anne, fille de François II, duchesse de Bretagne, suzeraine de Richemont, de Montfort, des Vertus, d'Étampes et autres lieux. Orpheline à douze ans, son père était mort à Couëron, inconsolable de sa défaite de Saint-Aubin-du-Cormier, elle se trouva à la tête du duché. A treize ans, elle épousa par procuration Maximilien d'Autriche, mais Anne de Beaujeu, régente de France, fit casser ce mariage et la jeune fille, un an après, épousait Charles VIII. Deux fois reine, avec Charles VIII et Louis XII dont elle était aimée en secret depuis longtemps, elle n'oublia pas sa Bretagne et s'y rendit souvent.

Le peuple a gardé la mémoire de ses bienfaits et

de son avenance. On la chante encore, sous le chaume :

> C'était Anne de Bretagne
>   Duchesse en sabots,
> Revenant de ses domaines
> En sabots, mirlitontaine,
>   Ah ! Ah ! Ah ! Ah !
> Vivent les sabots de bois.

....

Elle mourut à trente-huit ans, regrettée non seulement de sa Bretagne, mais de toute la France, pour sa bonté et sa douceur qui n'allaient pas sans une certaine fermeté qu'elle tenait de son sang et de la fréquentation d'Anne de Beaujeu.

> Les Bretons pleurent leur reine,
>   Leur reine en sabots,
> Regrettant leur souveraine
> En sabots, mirlitontaine...

J'ai vu son portrait, par je ne me souviens plus quel artiste. Elle n'était ni grande, ni très belle ; seuls, ses yeux, caressants et profonds, nous expliquent l'amour de Louis XII.

Le château vit passer encore, hôtes malheureux, les deux Retz, Fouquet déchu et la duchesse de Berry. Cette dernière, son équipée ayant échoué, s'était réfugiée à Nantes. L'un de ses serviteurs, Deutz, juif nouvellement converti, trahit sa retraite. Elle fut découverte dans un réduit, derrière la plaque d'une cheminée. Elle était là depuis vingt heures avec trois personnes de sa suite. — « Otez le feu, s'écria-t-elle, révélant sa cachette aux gendarmes, nous étouffons. »

Combien de souvenirs à glaner autour de cette ville, de jolies légendes et, plus près de nous, d'effrayantes réalités ? Nantes qui, de prime-abord, avait accepté les idées nouvelles, résisté aux Vendéens, renié Charette, eut, la première, à souffrir des fureurs révolutionnaires. On sait les noyades de Carrier. A la brune, un bateau plat, chargé de suspects, filait vers Chantenay, à Couëron, où le fleuve est resserré et profond, et... ne revenait pas. La place de Viarmes vit tomber Charette. Les yeux ouverts, il commanda : « Soldats, frappez là ! » en montrant son cœur. Que d'âmes, en cette lutte fratricide, aussi bien trempées, faussées au nom de Dieu !

Après la place de madame Anne, voici le quai Maillart, le pont d'Aiguillon, autant de noms illustres pour l'île Feydeau, le quai de Flesselles, l'Erdre, le quai Brancas, la place du Commerce, la Bourse, station en pleine ville où je reprendrai le train dans une heure — puis le quai mouvementé de la Fosse.

Une buée traîne sur la Loire que le soleil, lentement, déchire, et emporte dans les hautes régions, sous forme d'écharpes blanches. Et je ne vois que la moitié du fleuve, le tiers même dit canal de Saint-Félix, l'autre coule derrière la Gloriette et le troisième enserre les prairies d'Amont, de Bièce, du Duc et l'îlot de Sainte-Anne. La promenade jolie, à travers ces îles verdoyantes, d'un pont à l'autre jusqu'à celui de Pirmil, en amont de l'île des Chevaliers...

Les barques, tout à l'heure couchées sur le flanc ou soutenues par des jambes de secours, claquent, revivent au flot montant, les usines fument, noircissant le ciel. De toutes les rues, par celles de l'ouest surtout, débouche la foule des ouvriers du port, en casaques et bourgerons. Par la rue J.-J. Rousseau qui monte à la place Graslin, le cœur de Nantes descendent des messieurs aux casquettes galonnées d'argent : patrons, capitaines, ingénieurs. C'est partout un mouvement intense de la capitale, et cette vie s'agite autour du fleuve que grossit la mer... Nantes, c'est le fleuve.

— Galettes, monsieur, galettes chaudes.

La bonne diversion. Avec son accent qui chante les syllades, un bonhomme de douze ans, tout de blanc habillé, propre comme une pomme d'api, m'offre sur un éventaire ces galettes nantaises, délicieuses à cause du beurre.

J'entre les arroser d'un café noir, et l'aimable hôtelier, — la salle est déserte — accoudé sur son comptoir de zinc, à l'instar de Paris, la serviette aux reins en guise d'écharpe municipale, me devinant, à mes hésitations, touriste inhabile, me vante sa bonne cité.

— Pour voir Nantes, monsieur, toutes les choses curieuses, il vous faudrait ce mois d'août. Il faut voir nos environs, les îles, Trentemoult, le lac de Grand-Lieu, Saint-Philbert, patrie de Lamoricière, et sa chaussée, le château de Haute-Goulaine, celui de Clisson...

Je secoue la tête en souriant, la main sur ma bourse plate — et le malin, qui n'en veut démordre, espérant me garder :

— Le temps est clair, ce qui n'arrive pas tous les jours à Nantes, surtout par cette brise du large, pour un franc cinquante vous monterez sur la cathédrale. Vous verrez les églises de Saint-Nicolas, Saint-Jacques, Saint-Similien, Saint-Donatien, Saint-Clément, Sainte-Anne, et d'autres... Dans la cathédrale, vous visiterez les chapelles, le tombeau de François II, les Apôtres... Curieuses sculptures, curieuses inscriptions... Ah ! Nantes, monsieur, qui connaît Nantes comme moi, né ici, hôtelier à cette place de père en fils, depuis le duc Conan...

Me pensant intéressé parce que je demande une deuxième tasse, ou indécis, il poursuit, véritable cicérone de la baie de Naples :

— Dans tous les cas, monsieur, — un jour suffit pour voir la mer, vous ne quitterez pas Nantes sans visiter la Poissonnerie, les Halles, le Musée... le Muséum qui possède la plus belle momie d'Égypte et la peau d'un bleu écorché par les Vendéens. Je veux vous conduire moi-même au passage de la Pommeray. Justement le tram passe.

Et nous sautons dans le « tram. »

Il est fort remarquable ce passage qui réunit les rues de la Fosse et de Crébillon par trois galeries. La galerie supérieure, dite des médailles, représente les Bretons illustres, — ils sont légion, — suit la galerie des statues ; la troisième, où se développent divers motifs, se termine par un escalier monumental.

Embarqué par mon hôte dans l'histoire mouvementée du marin Cassard, je reviens à la Bourse au moment où le train pénètre en gare et je plante là mon ami d'une heure, un peu penaud et déconfit.

Et, pourtant j'aimerais vivre à Nantes quelques jours, errer dans ses îles, sur ses quais, dans ses ruelles qui montent à Notre-Dame de-Toute-Joie, converser avec ces mathurins aux jambes nues qui, tous, ont fait le tour du monde et dont un verre de vin des coteaux d'Anjou délie la langue... J'aimerais à entendre chanter par l'un d'eux la chanson de Jean Noël.

III

APRÈS NANTES.

Suivant la Loire à travers dix passages à niveau, le train va prudemment... à la promenade. De la portière, je visite encore la ville. Les quais se succèdent, bordés de grandioses demeures à balcons soutenus par des cariatides, demeures d'armateurs sans doute, dont les aïeux se sont enrichis dans la traite des nègres, commerce longtemps rémunérateur, de constructeurs et de consuls. A gauche, sur le fleuve, c'est un tonnerre de chaînes, de tombereaux acculés, de marteaux refoulant le fer, dans les chantiers, de grincements de limes et de poulies rauques à force de tourner. Nous touchons à la Ville-en-Bois, aux faubourgs, une suite de maisons pareilles à des casernes, construites à la hâte pour une population d'ouvriers toujours plus dense.

Des marmots, par bandes, la marine est prolifique, les culottes effilochées, retroussées, les cheveux en l'air, la veste veuve de boutons sur la chemise au diable, errent et piaillent de tous côtés. Ils ne sont pas tous dans la rue pourtant, si j'en crois les langes multicolores, drapeaux d'un nouveau genre, qui flottent aux fenêtres, claquent fièrement à la brise, comme des pavillons d'amirauté.

Race essentiellement religieuse, que le culte se dénomme druidisme, catholicisme, mahométisme ou autre chose d'approchant, les Bretons mettent en pratique le précepte : « Croissez et multipliez. » Partout, nous retrouverons ces familles nombreuses, « agréables, dit le prophète, au Seigneur. »

Le train siffle dans une tranchée et nous sommes à Chantenay en même temps que le tram. Cette ville coquette, sur le dos du sillon que nous allons suivre jusqu'à Savenay, est encore un faubourg de Nantes... Des promeneurs qui reviendront par le tramway ou le bateau, escaladent les pentes pour jouir de la belle vue sur la Loire. A cette heure de pleine marée, le fleuve est sillonné par des barques d'apparat, d'où s'envolent des rubans, des exclamations joyeuses de femmes, des appels d'un canot à l'autre. Je voudrais être dans cette barque rechampie d'or, à flamme verte, à voile plus blanche que lys, qu'une dame conduit par un cordon de soie...

En route pour les rochers de la côte. Oh! la vallée belle, après les jardins de Chantenay! Août a jauni les prés, couronné de tons pâles les peupliers mobiles, argenté les saulaies, donné au paysage une teinte effacée, partant plus savante, tels ces tableaux à couleurs mortes qu'il faut étudier de près pour en saisir la grâce et les goûter. Ces paysages de Bretagne, même loin de l'Océan, sont gris, voilés, mystérieux. On dirait que le ciel absorbe les nuances changeantes de l'onde pour les renvoyer, discrètes, indéfinissables, à la terre.

En ces pâturages paissent les vaches renommées, tachetées de blanc, à la mamelle lourde et forte, des poulains qui se sauvent en reniflant.

Doucement, longeant le sillon, le train va. A

notre gauche, près de Basse-Indre, fument les cheminées d'Indret. Puis passent des clochers, dans les îles, sur les coteaux de Pellerin, riches comme tous ceux de Bretagne, ce peuple est généreux, les uns battant neuf, les autres encapuchonnés de grisaille, vêtus de lierre jusqu'à la flèche, des villages accroupis modestement autour de châteaux hautains, partout des toits dans la verdure, et, au milieu, séparant les hameaux d'une nappe étincelante, le fleuve aux vagues déjà longues charriant du soleil.

Dans ces prairies souvent submergées, coupées de fossés profonds, séparées par des haies qui sont des fourrés, une forêt, vues de loin, les chouans, longtemps, tinrent en échec les généraux de la République. Battus le soir, ils repassaient le fleuve et revenaient le lendemain, renvoyés par leurs ministres au nom de Dieu, par leurs femmes au nom du paradis à gagner.

Pendant que je songe à cette lutte sans précédent, dans laquelle de pauvres diables se faisaient tuer sans savoir pourquoi, préférant la double servitude de la noblesse et du clergé à la liberté, la portière s'ouvre à l'arrêt de Couëron et montent deux paysannes avec des paniers, des paquets et encore des paniers, des jupes empaquetées aussi, qui montrent la doublure fanée, un trousseau dans un mouchoir.

J'aide à mettre en place, à pendre et caser ce déménagement et, de suite, nous sommes amis, la conversation s'engage. Les jeunes filles, deux brunettes de dix-huit à vingt ans, me sourient. Leurs yeux sont si limpides qu'il me semble voir le fond de leurs âmes naïves.

Elles parlent, parlent, renchérissant selon le chœur antique, de leur Couëron qu'elles abandonnent. — Il faut bien amasser la dot pour épouser Jean-Marie — pour aller à Saint Nazaire en *servance* chez madame Lehérou. De ce nom elles ont plein la bouche et sont fort étonnées que je l'ignore.

— Connaissez pas, au grand café ! C'est le cousin du capitaine du port qui nous a trouvé cette place.

— Madame Lehérou, sur la Marine, précise l'autre.

— Connais pas.

— Oh ! *ma doué*.

Ainsi j'apprends que Couëron a un port, important autrefois, succursale de Nantes, que les sables d'une année à l'autre, vivement même, obstruent et enlisent. J'apprends que ce Couëron possède un calvaire, plusieurs croix ouvragées sur un socle, au lieu où mourut d'une chute de cheval, d'autres disent des chagrins de sa défaite, le duc François II, — que l'église a de hautes stalles, pour le seigneur de Beaulieu.

Tout y passe, et la Verrerie, et la fête de Couëron, celle de Port-Launay. Il paraît qu'on danse ferme la dérobée, à cette fête de Port-Launay, les gars y accourent de Nantes, de Montluc et de Cordemais.

Elles bavardent trop, les brunettes. Debout d'une portière à l'autre, ce qui les intrigue et les fait chuchoter en leur langage, je regarde les pentes du Sillon — et, côté du fleuve, les mêmes prairies coupées des mêmes haies, mais plus épaisses encore, plus resserrées. Le fleuve a disparu, et le paysage est plus triste, brûlé, les arbres plus rabougris, plus ternes les cimes des aulnes.

Bercées par la trépidation régulière du wagon qui rythme à souhait leurs voix grêles, mes deux bretonnes chantent, sans harmonie, sans mesure, comme un récitatif sur un ton élevé. Partant pour la grand'ville, elles regrettent leur clocher ; elles regrettent surtout les gars de Couëron. Leurs yeux se cherchent, se sourient, se comprennent au refrain :

« Ce sont les gars de Couëron
« Qui....

Cornebleu ! — ainsi jurait sans doute le sire de Montluc, gaillard à trois poils, dont nous brûlons la station — la rime est légèrement... salée. Mais nous sommes au pays de Cambronne, parfaitement, — et les jeunes filles, aux yeux limpides, chantent cela comme un cantique au Sacré-Cœur.

Une bonne sœur en grande cornette glacée, se lève dans l'autre compartiment et se rassied bien vite. Quelques mots errent sur ses lèvres. Elle dit, j'en suis certain : — Mon Dieu, pardonnez-leur, elles ne savent ce qu'elles chantent.

Le train chemine par des remblais, s'en échappe à travers une rangée de frênes plantés dru pour briser le vent de mer. Par les interstices, le Bocage défile toujours, de plus en plus gris, la station de Cordemais, sur le coteau, caché dans ses chênes un peu rouillés.

Les Couëronnes ne chantent plus, elles mangent des pommes. Du bout du couteau, elles m'offrent gentiment ma part, mais nous arrivons à Savenay.

IV

SAVENAY — DONGES — LA BRIÈRE.

Savenay, dix minutes d'arrêt. Le ciel splendide à Nantes, pur à Couëron, s'est voilé de brumes ; le vent, fraîchi, balaye l'asphalte de la gare assez vaste à cause de l'embranchement de la ligne de Brest.

Sur le quai, une scène de Loti.

Un marin, son havre-sac au poing, gesticule et parlemente avec un employé. Sa sœur, sa femme ou sa payse, je ne sais, en pittoresque costume du pays de Cornouailles, cherche à le radoucir, mais le mathurin, qui a dû se tromper de ligne quelque part, s'explique catégoriquement :

— Une, deux, larguez tout ! Est ce que, quand on embarque à Lorient ou à Saint-Nazaire, aussi à Brest, on ne va pas tout droit en Amérique, dis, monsieur ?

— Hum, répond l'autre interloqué, je ne dis pas.

— Dis-le donc, pour voir ?

Il croise les bras, le jarret en avant, le col tendu, le béret rejeté sur la nuque d'un maître coup de poing, superbe de désinvolture, et répète :

— Pour voir, dis-le ?

La jeune femme, les bras nus jusqu'au coude, des bras de fileuse à l'ombre dans des manches amples et festonnées, le tire craintivement, il est fort, parfois si brutal ; en bas-breton, elle le supplie, les yeux noyés de larmes prêtes à s'échapper.

Il la repousse dédaigneusement, et, satisfait d'avoir mis à rien ce galonné du plancher des vaches, à rien de rien, il marche sur lui :

— Dis-le donc, qu'on ne va pas tout droit en Amérique ! Pour lors et puisque vous ne m'arrimez pas où ça se doit, rendez les picaillons.

Les soldats l'acclament :

— Bravo, mathurin, t'es dans ton droit.

D'un bout du train à l'autre, même la bonne sœur et mes deux chanteuses qui lorgnent ce beau gaillard, digne d'être né natif de Couëron, tout le monde éclate de rire, les chauffeurs, l'employé, tout le personnel, et le mathurin s'offre une chique et roule des yeux.

La femme le suivant, timide, un peu pâle, désolée, ils disparaissent chez le chef de gare. Son homme est un peu bu, elle l'accompagne jusqu'à la dernière station, heureuse de l'avoir quelques jours encore et, aussi, pour qu'il ne fasse pas escale sur la terre ferme.

..... Savenay, crie à d'autres, le conducteur du train de Brest survenu pendant cette scène. La petite ville, aux rues escarpées, est bâtie en amphithéâtre sur le Sillon. De Savenay, du haut de la colline, on découvre Paimbœuf, l'estuaire de la Loire, une ligne bleue, par dessus Guérande, qui est la mer. Lavau, un port minuscule, est à 6 kilomètres, après la plaine. — Cette plaine basse, c'est encore le Bocage, les fossés profonds, les fondrières que recouvre un gazon traître. A Savenay, après le combat terrible que l'on sait, par les rues étroites et tortueuses, où chaque maison fut prise d'assaut, fut écorché vif le *bleu* dont on voit la peau au Muséum de Nantes.

Sous ces arbres, dans ces marécages au sol trompeur, les chouans s'égaillaient en sûreté.

Un moulin tourne sur le coteau... Avez-vous lu cette anecdote rapportée dans ses mémoires par une Damoiselle de haute lignée, chevalière d'Eon de la chouannerie, qui suivait le corps de Charette et déchirait la cartouche comme un vieux troupier? Le maître d'un moulin — pourquoi non celui qui tend au vent, là-haut, ses ailes à rayures ? — fut accusé d'avoir facilité la fuite d'un détachement de républicains en leur indiquant la position de l'ennemi.

Au milieu de la nuit, plusieurs chefs, tous bretons et gentilshommes, dont la Damoiselle sous l'habit de cavalier, se transportèrent chez le meunier.

Le chien aboya, on tua le chien. L'âne, croyant à une provende inaccoutumée, essaya de braire, on l'égorgea. L'homme, endormi près de sa femme, dans sa soupente, fut éveillé d'un coup de dague. « Cette peur, plus blanche que farine, était à mourir de rire, » rapporte la Chevalière.

Le meunier avait indiqué la position de l'ennemi, effrayé par des baïonnettes ; effrayé encore par ces épées nues et ces visages masqués, s'accrochant à la vie, il avoua, à genoux, en chemise, lamentable tant il était maigre.

Un tigre eût détourné la tête et passé, mais les compagnons de Charette étaient implacables.

— Tu vas mourir, prononça le chef, fais ta prière.

Le vieux essaya de marmonner pâtenôtres : ses dents claquaient avec le bruit de son moulin tournant à vide.

En vain, sa femme avait sauté à bas du lit et se tordait les bras, pitoyable aussi sous ses cheveux gris.

Les autres, les soldats du Roy et de la Croix, dans un coin parlaient bas. L'un d'eux eut le courage de rire bruyamment, la main au ventre. Ils rapportèrent cette sentence : Mort de suite.

Nul ne voulant souiller son épée du sang d'un rustre, la Chevalière avait eu cette idée — quand les femmes s'en mêlent, elles sont très fortes — attacher l'homme aux ailes de son moulin !

Le vent portait d'ouest une brise de nuit à écorner des bœufs, qui souffletait, là-haut, les étoiles ; la Loire grondait, contrariée par ce vent qui la retroussait. On lia solidement le malheureux à l'extrémité d'une aile, et le chef commanda :

— Lâchez tout !

....

Le mathurin reparaît, radieux, la pipe aux dents. La jeune femme lui sourit ; elles sourient toujours, les bretonnes.

....

Mes voisines, mises en bonne humeur par le beau marin, les yeux noyés d'effluves, récitent la chanson, célèbre en Bretagne, du matelot de Paimpol qui refuse grandes Dames, reines même, dévergondées, pour revenir à sa Marie-Jeanne...

Je songe, moi, au meunier écartelé.

Mais, avec la stationnette de Donges, revoici la Loire, un bras de mer, plutôt, d'un bleu pâli.

Quelques chercheurs, — et non des moindres — ont vu dans Donges l'antique *Corbilo* des Venètes, où venaient trafiquer, changeant étoffes et parfums contre du poisson, des peaux et du fer venus d'Armorique, bien avant l'occupation romaine, les habitants de Massalie et d'Alalia. D'autres, retournant les arguments des premiers comme on enfonce une porte ouverte, placent *Corbilo* à Couëron, à Saint Nazaire, au Croisic même. Un autre, jeune probablement, donc plus hardi, latins et grecs en main, le retrouve, ce *Corbilo*, à l'embouchure de la Vilaine. Ses citations, les recherches minutieuses qu'il a dû faire pour retrouver les voies romaines, *oppidum* et camps retranchés, me rangent sous sa bannière.

Quoi qu'il en soit, le port d'aujourd'hui est bien modeste. A l'abri de la chaussée Halgan, cadeau de l'amiral de ce nom, bienfaiteur de Donges son berceau, on s'embarque pour Paimbœuf, ce pauvre *Pen Ochen* (Tête de Bœuf), si distancé par Saint-Nazaire qui, d'ici, s'enlève tout blanc sur l'horizon revenu au bleu.

Maintenant, le fleuve, serti de l'or des sables, s'étale à gauche, courant à l'Océan, là bas, dans la brume. Grossi par les pluies d'hiver ou la fonte des neiges, il franchit sa rive droite et, le flux aidant, inonde cette plaine basse, plus de vingt communes dans le vaste cercle compris entre Saint-Nazaire, Saint-André-des-Eaux, Saint-Lyphard et Pont-Château.

Ce bassin bourbeux, que surmontent, de ci, de là, des mottes élevées où frissonnent quelques herbes sèches, lac pendant l'hiver traversé de lourdes péniches, sol crevassé durant l'été, d'aspect pauvre et mélancolique, était autrefois — il y a bien longtemps, au temps des outils en *pierre polie*, une forêt profonde où les arbres, les pieds dans les alluvions de la Loire, se multipliaient à l'envi. Une tempête venue de l'ouest, — les arbres qu'on y retrouve, des troncs entiers, sont couchés dans la direction du levant — la renversa – et la forêt s'est transformée en tourbe qui s'égoutte, par mulons, et qu'on expédie par les voies ferrées dans les centres de Bretagne, dans les ports où le bois est rare, jusqu'à Belle-Ile et à Groix, par le cabotage.

Roulant toujours, voici, au bord du fleuve, un dolmen sur lequel est perché un hoche-queue, Montoir-de-Bretagne, en pleine Brière, puis l'étier de Méan, canal vaseux dans lequel se déversent les marais, des usines, des chantiers, une végétation brûlée, poussiéreuse... et Saint-Nazaire.

Quand la Brière est inondée, que l'Océan jette ici ses grandes lames, tout est couvert d'eau, sauf la chaussée de la route et le refrain, lancé à Nantes à l'employé abasourdi, doit se terminer ainsi :

> Ousqu'est Saint-Nazaire,
> Disaient les troupiers... éreintés
> C'est p'tête bin au bout d' la terre,
> On voit d' l'eau d' tous les côtés.

Pas de grande allure, cette poésie... Le cri du cœur, quoi !

V

SAINT-NAZAIRE.

Perdues dans cette grande gare, camp-volant d'étrangers, où les sifflets, les tamponnements, les sursauts de plaques tournantes se grossissent des sonorités du hall, mes deux Couëronnes restent là, sur le débarcadère, dans le brouhaha des trains du Croisic et de Nantes, dans la foule des baigneurs *chic* et des baigneuses à falbalas qui se rendent aux stations mondaines de Pornichet, La Baule et Le Pouliguen. Leurs paniers au bras, leurs paquets au pied, bousculées par tous, pauvrettes effarouchées, elles attendent...

Je me fais leur Providence et les guide vers la sortie. Hors la salle, je me retourne pour leur crier :

— Par ici!

Toutes deux entourent un débardeur. Leurs exclamations m'apprennent son nom.

— Eh! bonne Vierge, sainte Luce, c'est Lesur, de Couëron, ce gars de Lesur.

Et Lesur, de Couëron, prévenu sans doute par un du pays, les conduit chez madame Lehérou,

Elles ne s'en vont pas, pourtant, sans me sourire — et je reste seul dans la cour, ma carte à la main.

⁂

J'aime cet isolement de grande ville, une ville cosmopolite où nul ne vous connaît, où chacun court à ses affaires d'un jour, parfois d'une heure. On peut aller, venir, bâiller, s'arrêter aux étalages, allumer sa pipe sur le boulevard, s'asseoir près d'un tourlourou, offrir un verre au mathurin sans scandaliser personne... Ces mâts où battent des pavillons étrangers, les étoiles d'Amérique, les rayures de Norwège et le croissant du Turc, m'attirent d'abord. Les navires, transports à cuivres battant neuf, dont les aciers sont des miroirs, propres comme une toiture lavée par la pluie, sont amarrés au quai, immobiles, les voiles repliées. Les proues, avec leurs attributs symboliques, anges aux ailes déployées, Éoles aux joues bouffies, la trompette aux lèvres, Neptunes armés du trident, des moulures à chaque voyage repeintes, se soulèvent, gracieuses, au flot mourant.

Sur la poupe d'un anglais, court cette fière devise : *Aperit et nemo claudit.*

J'écris cette devise cependant qu'un douanier curieusement m'examine. — Je sens ses yeux sur moi. Si j'étais un espion, la belle affaire, la bonne médaille à décrocher... Avec ma barbe de plusieurs jours, mes jumelles en sautoir et mes reins ceints de cuir, mon crayon à l'oreille et ma carte sous le bras, je dois avoir assez l'air d'un *deutsch.*

... Me regarde aussi, nonchalamment appuyée sur

les bastingages, une jeune miss aux yeux verts, déconcertants tant ils sont pâles. Son chapeau masculin, son manteau serré emprisonnant une taille d'éphèbe, à capuchon contre les embruns, me la disent voyageuse — et ses yeux, son teint, originaire de l'autre côté de l'Océan... Elle promène sur le quai, presque désert, sur le douanier, sur moi, son regard distrait et bâille de façon irrévérencieuse... Elle s'ennuie, miss ✱✱✱ !

Je voudrais savoir son nom, causer avec elle, lui demander d'où elle vient, ce qu'on voit sur l'Océan immense, durant les traversées ?... Mon examen la trouble; elle sourit pour montrer ses dents qu'elle a nombreuses, blanches et fines, mais trop longues, et, dans son dur idiome, qui détonne sur ses lèvres jeunes, sans remuer, elle dit un mot, un seul, et, de suite, un monsieur à casquette galonnée d'un triple liseré d'or, vient s'accouder près d'elle.

Filons, mon camarade, d'autant plus que le douanier se rapproche : il tient à sa médaille, cet homme !

VI

« Mon cher ami,

« Pourquoi, rompant avec votre indolence, n'êtes-vous venu en Bretagne ? Si las de cette journée, visite au dolmen, aux quais, aux bassins, flânerie le long des rues, arrêt devant les magasins à bibelots, contre-marches pour surprendre des bribes de conversation entre mathurins en rupture de bord, j'ai bien envie de ne pas vous écrire... Je vous écris cependant du jardin de Saint-Nazaire, sur les feuilles de mon carnet de route.

Il est quatre heures de relevée — le train repart à cinq, — j'ai les jambes dans le ventre, et mon cor — rien de celui que le poëte aime à entendre au fond des bois — me taquine horriblement. Durant deux heures, j'ai circulé d'un bassin à l'autre pour assister à la sortie de « *La Navarre* » qui part, que ne puis-je la suivre, pour le Mexique.

Prisonnier dans les cales, gauche et lourd, étonné d'être là, comme un aigle dans le nid d'un passereau, comme il a tressailli, le grand bateau, en retrouvant l'espace et la mer profonde, comme le flot, joyeusement, chantait à l'étrave et comme frémissait, hissé très haut dans le bleu, le pavillon tricolore.

D'autres badauds — si c'est l'être que prendre plaisir à tel spectacle, — applaudissaient des mains et des lèvres, et moi, les cheveux en l'air, le cœur battant quand le dernier pont s'est ouvert, j'ai suivi le Transatlantique, du bout de ma lunette, jusqu'à ce qu'il tournât au sombre, derrière la pointe de Chemoulin et les Évens, des récifs sous le vent... Un mouchoir, un voile, flottait à l'arrière, un adieu, sans doute, à la terre de France ... ou à ce grand jeune homme appuyé près de moi sur le môle...

Je m'imagine, à chaque départ, des séparations pénibles, des liens brisés ; ceux qui partent envient ceux qui restent ; ceux qui restent sont plus tristes encore...

Ce jardin public, d'où je vous écris, entre les bassins et la Loire, est séparé du fleuve par une haute levée. Abritées ainsi des embruns néfastes et des vents de mer, les plantes y sont vertes et belles. Je suis assis sous des magnolias aux fleurs odorantes, semblables à des coupes de pur onyx, aux bords artistement retroussés, perdues dans des feuilles glacées ou pâles, selon les jeux de la brise.

Dans une vasque de granit :

Des robinets d'airain chantent en s'égouttant,

rire discret sur la grande voix de la mer.....

« De l'Océan qui monte aux marches du musoir. »

Me pardonne Hugo de travestir son alexandrin. Mille oiseaux gazouillent sur ma tête, rayant l'air de flèches empennées, se poursuivant du tilleul au sycomore. On dirait que tous les oisillons de la contrée se sont donné rendez-vous ici, ont déserté la mélancolique Brière et les coteaux brûlés du Sillon... Une jeune maman, là-bas, tourne sur sa tête blonde son ombrelle rose cependant que son bébé, futur amiral, lance son navire à l'eau...

Je suis heureux, j'ai si bien déjeuné — vous seul me manquez pour causer un brin, si bien déjeuné, après cette promenade en Loire.

... En Loire ?

Vous l'avez répété. Ah ! si mes jambes demandent grâce à mon « *Spiritus* » jamais mieux éveillé, si la machine est fourbue, je n'ai pas, comme disait l'autre, perdu ma journée. Si mes yeux sont fatigués d'être ouverts, jamais ma plume, ce bipède à deux pattes, qui se cabre plus qu'on ne pense, n'a couru si vite.

Revenons à ce matin.

..... Après le quai de la douane, je tournai sur la place de la Marine — celle où tient café madame Lehérou — puis sans m'arrêter à la perspective des bassins à flot, enfilade merveilleuse où resplendissent les cuivres des paquebots et se marient des pavillons, sans m'arrêter à des yachts qui sommeillaient, les ailes repliées, avec des proues pareilles à des gorges de cygnes et des croupes couronnées d'astragales, sans visiter la chapelle miraculeuse, sur son roc, le vieux quartier alentour, aux ruelles bizarres, si bretonnes, — fermant l'oreille aux chansons de Norwégiens, appareillant leur Trois-Mâts, navire aux cent voiles, je filais... Je voulais voir d'abord, avant tout, la barre du fleuve.

Cette barre est houleuse, dure. Refoulé par les rochers et le môle, le flot s'étonne, bondit, revient à la rescousse et retombe en bourrelets d'écume. Il montre les dents. L'onde, jamais tranquille ici, pas même à marée basse quand le fleuve détale à grand train, est jaunâtre des sables roulés, salie d'algues, des vases d'en haut et des herbes arrachées aux rives.

La jetée, de cent mètres, se termine par un phare à feu fixe. Tout le long, de chaque côté, à niveau des plus hautes marées, sont des barres de fer pour amarrer les barques de pêche des gens de l'autre rive, de Corsept à Mindin, qui viennent vendre leur poisson à Saint-Nazaire — et c'est un travail d'adresse, déjà, l'occasion de prendre un bain pour un *marche à terre*, d'y descendre, dans ces barques qui dansent, par ces échelles de fer scellées dans les parois lissées par l'eau de mer.

L'une après l'autre, profitant du dernier courant qui porte à terre, elles arrivent et se rangent. Pauvrettes dix fois radoubées, aux toiles grossières, numérotées comme des forçats, elles paraissent lasses, elles aussi.

Là-bas, sous l'horizon, entre le bleu du ciel et l'ardent scintillement du flot, presque suspendues dans l'azur, elles glissaient, légères, avec des révérences de Damoiselles, goëlands énormes balancés par des brises ; — ici, dévêtues, l'aile coupée, elles semblent pauvres, aussi pauvres que les pêcheurs aux paniers légers, hélas! dont les pieds nus se crispent aux échelles rouillées.

Trois d'entre eux, devant moi appuyé à la grille du phare — l'un très vieux, en veste bretonne,

l'autre de mon âge, à barbe blonde, et un mousse
— partagent la pêche en parts inégales.

— Pour toi, pour moi, pour le moussaillon.

Le moussaillon, indifférent, cet âge est généreux, est sur le ventre, les coudes au menton, les yeux sur ma canne à tête de chien.

— Ça n'a pas donné, dis-je.

Habitué à ces questions d'étrangers, en ce pays de touristes, avec cette politesse de gens qui ont beaucoup voyagé et qu'on ne retrouve nulle part aussi parfaite qu'en Bretagne, le vieux me répond :

— Pas trop, monsieur ; ça ne marche plus.

Ils reviennent de la Roche-Percée et des Evens, des rochers, entre Saint-Gildas et le Pouliguen, que la mer découvre. Pas de crevettes, ou peu, à peine quelques crabes et des maquereaux, du menu fretin. — Les langoustes, explique-t-il, ont fui vers la Banche sous le Croisic, au plateau du Four.

— Il nous faudra, désormais, remonter, coucher en mer.

Je regarde cette barque de quelques tonneaux.

— Ce sera dur, hasardai-je.

— Dur, pas trop. Quoique vieille, la « *Marinette* » monte sur l'eau comme un plongeon. Seulement, à mon âge, il fait froid, sur mer, la nuit.

Le partage terminé, le gars à barbe blonde retourne à la ville, et les deux autres redescendent à la barque.

— Vous appareillez encore ? demandai-je du haut de la jetée.

Il releva la tête, m'examina et comprit.

— Oui, pour Villez-Martin.

Il montrait une plage, au-dessous, dans l'affaissement de la côte.

— Prenez-moi, priai-je.

Son équipage n'était guère au complet pour embarquer. Il inspecta la jetée d'un coup d'œil ; elle était presque déserte, pas le moindre galon ni le moindre képi de gabelou.

Il hésitait... j'exhibai le portrait de Napoléon III. On passe partout avec le mulet chargé d'or.

— Descendez vite.

D'un coup de perche, il rejeta la barque au courant pendant que le mousse hissait à pic.

— Prenez ce suroit, me dit-il, il est propre, et mettez-vous là. Porte au milieu, ajouta-t-il, s'adressant au mousse qui manœuvrait le gouvernail.

Il reprit les cordes pour amener au vent. La toile claquait le long du mât, se gonflait et retombait, rétive. Elle s'enfla enfin, couchant la barque à tribord ; nous filions...

Ça dansait, à cette barre mauvaise, sur ce flot jaune ; la barque s'inclinait à mesure que fraîchissait la brise, plus loin de terre... J'avais un peu peur : c'était, mon cher ami, délicieux.

⁂

Mais les lames s'allongent, s'apaisent, plus puissantes. et se déplacent plus doucement. Cet estuaire de plusieurs kilomètres a des allures de mer. Bleu maintenant, ayant rejeté aux rives les vases salissantes, le flot, qui s'embrase à la cime, reflète, en ses profondeurs, les flocons de ouate errant dans le ciel rasséréné. Des lointains récifs de la Maréchale et de Carné, des Ilots d'Amont, la Loire s'échappe en tumulte, mugit par dessus la Pierre Rouge et les Moutons, puis, contrariée par le jusant, par l'inertie que lui oppose la marée étale, se cabre en remous ensoleillés. A l'endroit où nous sommes, au centre du fleuve, elle se repose et murmure à peine.

Revoici au nord-ouest, s'enlevant dans le double rayonnement de l'onde et du ciel, Donges, la patrie d'Halgan et du poëte Boulay-Paty qui chanta sa Rivière, Montoir-de-Bretagne, l'étier de Méan serpentant dans les grisailles de la Grande-Brière, Savenay même, tache blanche sur la crête du Sillon, et Lavau, et d'autres, d'autres villages couchés dans l'eau... Voici deux points blancs, à droite, Paimbœuf et Corsept, des plaques vertes qui sont des prairies, des masses, vertes aussi, qui sont des sapinières, Mindin, tout là-bas, dans l'or des sables de la pointe que le mirage transporte sur l'estuaire et, tout au fond, un gouffre d'un bleu de plus en plus indécis, dont la rotondité se pressent, l'Atlantique.

Derrière nous est Saint-Nazaire : la cité antique juchée sur le granit, défendue par des roches, puis des chalets le long du fleuve, le jardin où s'alignent des plantations, d'autres chalets adossés à des rocs — et la plage de Villez-Martin vers laquelle nous tournerons notre proue tout à l'heure. Derrière la cité, la ville nouvelle, flambante, aux toitures incendiées, d'où nous viennent des grondements, des sifflements, des dégringolades de chaînes.

Du bout de son espar, complaisamment le pêcheur me désigne les édifices, en les nommant : Sainte Croix, Saint-Aignan, la Bourse, les chantiers de la Compagnie, les douanes, Penhoët, la pointe de Chemoulin, la batterie de Villez avec sa jetée.

Et comme je l'écoute avec attention, tout en suivant des yeux un charbonnier qui évolue vers le port, il m'apprend que la passe a huit mètres de profondeur en temps ordinaire, dix aux pleines mers de vives eaux. Cinq feux, outre ceux du Four et de Belle-Ile, au large, indiquent l'entrée de la Loire, périlleuse en dépit des bouées et des phares, à cause des nombreux écueils et des bancs de sable qu'une tempête déplace.

— Près des Cardinaux, sous le phare, un Anglais a sombré l'autre semaine... Ce matin, les mâts émergeaient encore... On n'a pu le renflouer... Amène à bâbord, mousse, continua-t-il, ma pêche est vendue pour midi à l'hôtel de Villez ; nous avons le temps. Moi-même, monsieur, tenez, près de la Pointe-à-Pitre, quand je louvoyais sur l'Etat...

Mais elle est trop loin, la Pointe-à-Pitre, et ces histoires de naufrages se ressemblent tellement...

Couché sur le banc, la main dans l'eau tiède où frissonnent des herbes piquées de la tarentule, je cherche à rassembler mes souvenirs sur cette pointe de Penhoët.

Je cherche à la revoir telle qu'elle devait être, rochers à nu menaçant des vallons où s'emmêlaient la fougère et la ronce, mille arbrisseaux épineux, quand César, descendant la Loire, courait sus aux insaisissables Britonniens... Des centaines d'années avant César, quand les Cartulaires fondèrent Pen-Ochen, et, les premiers, se confièrent au fleuve sur des troncs d'arbres évidés... Avant eux, encore, le jour où Brutus — pourquoi refuser de croire à ces traditions quand tout nous est venu de l'Orient? — fuyant la ville de Troie, vint peupler ces promontoires.

Si riant aujourd'hui, avec ses maisonnettes à contrevents verts, chères à Jean-Jacques, ses chalets à balcons tout prêts pour les sérénades, ses plages aménagées, sa végétation plantée dans les fissures par les oiseaux amis de l'homme, combien farouche et désolé, effrayant aussi, devait être ce pays?... Avec quelle furie grandiose, aux équinoxes, le flot devait battre ces roches tourmentées.

Le dolmen, un remarquable trilithe, laissé sur l'une des places, à droite de la gare, se trouvait sans doute alors au bord de l'eau.

Du cabaret dit « *Au Dolmen,* » à deux pas de la gare, en me rafraîchissant d'un bock bien gagné, les yeux sur ces pierres autour desquelles gravitent des lierres, cette histoire, lue dans Posidonius, je crois, un hardi voyageur, me revenait à la mémoire.

« Nous étions, dit le matelot Crétois qui le raconte, allés à Corbilo (Donges, Paimbœuf ou Couëron) chargés des cuivres travaillés de Massalie, d'huile odorante et de vin de Samos pour les échanger contre des viandes de porcs, chères aux Ligures et aux Allobroges, et des peaux séchées au soleil.

« Nous devions ancrer quelques jours pour réparer la voilure et, avec Pæan, mon frère, nous décidâmes d'explorer le rivage sur la balancelle du patron.

« La mer d'Armorike n'est pas fréquentée comme

la nôtre; à peine quelques habitants nous regardaient passer du haut des rochers et des îles, nombreuses en cette eau. Nul ne nous inquiéta. Aussi, avant de rentrer, vers la fin du deuxième jour, je descendis à terre, seul, pour allumer un feu en l'honneur de Diane. Déjà la fumée montait avec mes prières, et j'allais retourner vers Pæan, lorsque le ciel soudain s'obscurcit; un vent violent souleva la mer... Je vis la barque tournoyer, mon frère tendre les bras, le tout s'engloutir... Je voulus crier; ma voix s'arrêta dans ma gorge, une flamme courut sur l'onde, le tonnerre retentit... Je compris que les Divinités de ce pays, mécontentes de mon sacrifice à une Déesse étrangère, se vengeaient. Ma tête tourna, mes jambes fléchirent et je m'évanouis...

« Lorsque je repris connaissance, la nuit était profonde. Qu'était devenu mon frère? Je n'osai faire un pas, appeler sur cette terre inconnue, et, maudissant notre funeste curiosité, j'attendis la venue du jour.

« Il ne restait plus trace du bûcher de la veille, le vent avait éparpillé les cendres, une herbe nouvelle y poussait déjà. A l'infini, la mer était déserte, houleuse encore, irritée de ma profanation.

« Je suivis la grève, cherchant à retrouver Pæan ou, du moins, les débris de notre barque. Mes recherches, hélas! furent vaines. J'avançais avec prudence, redoutant la rencontre des Venètes, la captivité, la mort horrible, car on prétend que ces hommes cruels se disputent la chair des voyageurs égarés. Enfin, à l'ombre tombante, ayant apaisé ma faim avec des coquillages et les fruits d'arbrisseaux inconnus en nos contrées, je m'arrêtai pour passer la nuit sous une pierre que je crus tombée du ciel ou roulée là par les flots, car elle reposait sur d'autres et formait une sorte de table où cinquante convives eussent pu s'asseoir à l'aise.

« Je dormais, lassé par cette marche inaccoutumée, lorsque des voix m'éveillèrent. A tout hasard, j'assurai mon trident dans ma main, prêt à vendre chèrement ma vie. — Nous devions nous marier, avec Euriska, aux fleurs nouvelles — et c'était mon dernier voyage avant de m'établir à Massalie.

« Plusieurs hommes, dont je distinguais à la lueur des étoiles les amples vêtements blancs, allaient et venaient en causant à mi-voix, devant la grott où j'étais blotti, s'arrêtant parfois pour examiner le large.

— « Il ne viendra pas, disait l'un, dans cette langue des Celtes apprise par moi en mes nombreux voyages.

— « Il viendra, répondit un autre, Tintorix vient toujours.

— « Il attend le flot, sans doute.

— « Il n'attendra pas longtemps; entendez-le déferler sur la pointe.

« Le flot, en effet, avec son bruit de chaînes traînées, entrechoquait les galets et son grondement menaçant se rapprochait.

« Quel serait mon sort s'il envahissait ma retraite? Je rampai vers l'entrée, guettant l'occasion de fuir.

« Mais un cri, venu de la mer, m'arrêta. Un autre, du rivage, lui répondit, et tous s'écrièrent :

— C'est lui !

« Ils se turent et se rapprochèrent. J'aurais pu

toucher leurs robes. Le battement de mon cœur menaçait de me trahir, je l'apaisai de la main.

« L'homme attendu s'avança bientôt. Je pensais, je ne sais pourquoi, à un vieillard et Tintorix était presque jeune. Les autres, comme moi, en furent étonnés et murmurèrent.

« Il s'aperçut de leur étonnement, prit sa couronne et l'éleva en prononçant quelques mots. Des flammes jaillirent, les rochers en furent éclairés et la mer au loin, puis tout retomba dans l'ombre et quand mes yeux éblouis se rouvrirent, je vis les assistants courbés sur le sable, vaincus par ce prodige.

« Les dominant de toute sa taille, sans qu'on discernât si ses pieds touchaient le sol, en ses vêtements flottants, Tintorix parla :

— « Je suis celui que vous attendiez, *Duir*, l'Homme des chênes. Vous avez obéi. C'est bien.

« Alors, il appela :

— « Tiamon, Druide des Arvernes, lève-toi !

« Tiamon se releva.

— « Lève-toi, Gaulotus, des Allobroges ; Brogitar, des Bituriges ; Sinat, des Bellovakes ; Itumène, des Lemovikes ; Comm, des Santons ; Léonor, des Pictons ; Combolomar, des Namnètes ; Epossognat, des Carnutes ; Belopitan, des Turons ;... et toi, Sinorix, mon fils bien-aimé...

« A ce nom, personne ne répondit.

— « Quoi, s'écria Tintorix, la lune va paraître et Sinorix n'est pas venu !

— « Me voici, fit une voix, dans l'ombre.

« Tous se retournèrent ; le druide s'avança et s'agenouilla...

— « Je suis en retard, ô Tintorix, expliqua-t-il, j'ai crevé plusieurs chevaux pourtant, mais...

— « Tais-toi, interrompit vivement le chef, nous causerons tout à l'heure. Vous tous, écoutez les ordres d'Hésus.

« Dans une langue que je ne ne comprenais plus, tour à tour grave et douce, il parla longtemps aux Druides assemblés.

« La lune, maintenant, escaladait le ciel; l'onde était jaunâtre; des flammes, aussitôt éteintes, y tremblotaient.

« Comm, des Sautons, secoua la tête et osa élever la voix. Tintorix parla encore sans le convaincre. Alors il monta sur la pierre et appela le druide près de lui.

— « Jure, lui dit-il, dès qu'il l'eut rejoint, d'obéir aux ordres d'Hésus.

— « Jamais Hésus n'a donné de pareils ordres, répondit nettement le Sauton.

— « Va donc t'en informer près de lui...

« Comm s'affaissa, touché au cœur, et roula jusqu'à moi. Je poussai un grand cri et bondis en avant... L'effroi me donnait des ailes.

« Ai-je été poursuivi ? L'élan lui-même ne m'eût pas devancé. Au jour naissant, je reconnus notre navire qui descendait le fleuve... Bien qu'il fût très loin, je me jetai à la nage..... »

....

Au café du « Dolmen, » cependant que des mouches naviguaient dans mon verre, je pensais à cette aventure et cette histoire rapportée par Posidonius me paraissait se rattacher, de tous points, à ce trilithe...

Dans cette barque, j'y songe encore : le cadre est tel que le décrit le Crétois, ami d'Euriska.

« *Nous échangions nos cuivres contre la chair du porc et des peaux séchées au soleil.* »

Le porc et l'auroch, l'ours et dix autres espèces d'animaux abondaient sur les bords de la Rivière, dans les terrains d'alluvion, des castors peut-être. Par bandes sans cesse renouvelées, ils erraient dans l'immense forêt, tourbe aujourd'hui, que l'ouragan a couchée dans la Brière. Cette forêt s'étendait sans doute sur la plaine de Saint-Nazaire. L'orage l'aura renversée d'abord, et la Loire ensablée.

Cela peut être, si l'on songe qu'à cette hauteur, et plus loin, sur les deux rives, les sables ont « noyé » des villages et des églises, des lieues de pays à Escoublac; que Saint-Brevin, sur la rive vendéenne, au temps de Henri IV, a été « noyé » de même; qu'on trouve presque partout, en remuant les dunes, à une certaine profondeur, parfois étonnante, des pans de mur, des débris de grossière céramique, des tombeaux, des anneaux de pierre où la population primitive — avant Brutus et César — attachait ses barques.

Étrange contrée, deux ou trois fois transformée en l'espace de quarante siècles... Et que sont ces quarante siècles dans la balance du Temps !

....

— Monsieur...
— Arrière, Tintorix, ai-je envie de m'écrier, toi qui portes poignard sous ta blanche tunique !

— Nous sommes arrivés, monsieur.

Merci et en route. J'ai faim et soif, vraiment.

Trois ou quatre kilomètres, je ne sais au juste, de Villez-Martin à Saint-Nazaire. Sur ce sable plus fin que poussière, plus blanc que farine, où scintillent les paillettes de mica, que retiennent par ci par là, des semis de sapins et des herbes errantes, tassé à la fin, par les hommes et les pluies, une ville nouvelle est tracée.

Ah! s'ils sortaient de la tombe, Tintorix et les Druides des dix tribus, comme ils y rentreraient vite, croyant s'éveiller ailleurs. Des jardins ont jailli des sables, des fleurs y poussent, forcées, les rochers eux mêmes ont dû ceindre des harnois de verdures... Sur la route défilent les diligences à quatre chevaux et des ladies s'esclaffent à l'escarpolette où le Vénète guettait l'ours.

Éblouies par la marche si vivement ascendante de Saint-Nazaire, des Compagnies, semant l'or pour le récolter au centuple, ont acheté ces dunes esquissé une ville de rêves, avec ses quartiers, ses rues, l'avenue de l'Océan, des casinos et des théâtres.

Saint-Nazaire, je le souhaite à ses ombrages, à son vallon de Porcé, prévaudra-t-il contre Nantes? La parole est à la Loire et à ses ensablements. En attendant les capitaux dorment.

**

... Quatre heures trente, mon cher ami ; j'ai encore une demi-heure, et la gare est à deux pas... sous le vent, dirait Mathurin.

J'ai levé la tête pour voir d'où me venait ce parfum d'héliotrope. — Il m'arrivait d'un massif, sous le vent encore ; les fleurs, vous savez le grec, s'étaient tournées vers moi avec le soleil — et le « futur amiral » a failli rouler, sombrer dans le bassin. J'ai fait un haut-le-corps et la maman blonde — une *Nazaréenne*, les Anglaises n'ont pas de ces sourires — m'a remercié du bout de son ombrelle fermée, car le soleil tombe derrière Chemoulin, allume de ses rayons obliques les mâtures, les cheminées d'usine, les pavillons de la « Transatlantique, » des vitres aux mansardes et quelques cimes de magnolias.

La fête — fête il y a sur les places du Bassin et de la Marine — bat son plein, et de mirlitonesques musiques ont fait taire les oiseaux. Ils sont alignés, souvent par couples, sur des branches mortes et inclinent la tête... pour mieux écouter et... comparer.

Mais je termine. Un quidam — ils sont tous galonnés ici — a emmené la Dame blonde et l'amiral. Est-ce parce que le soleil a baissé encore ou la proximité du fleuve ? Le jardin me semble attristé, j'ai froid. Les fleurs de magnolias se sont fermées et le cœur des héliotropes... Je vous écrirai du bourg de Batz.

*

Le train a du retard... J'en profite, revenu dans la gare par les ponts des bassins à flots, à deux pas du magnifique hôtel des Postes — auquel il manque, se plaint la *Démocratie de l'Ouest*, lue en déjeunant, une horloge, — pour en finir sur Saint-Nazaire et vous recommander, si cette lettre vous suggérait l'idée de venir ici, l'hôtel des Messageries. On y mange, pour 3 fr. 50, sans réclame, le café compris, d'excellentes victuailles : des coquillages fleurant les algues, des filets de harengs à certaine sauce, des congres, lardés au sortir de l'eau, dit-on, à la chair savoureuse aussi rose que les joues d'une jouvencelle en passe de dire oui devant monsieur le maire.

On y distribue même, dédié aux hôtes, un artistique menu.

Le mien, que je conserve en souvenir du bon repas, représente Palerme, l'Etna fume au fond. La ville, mi-mauresque et italienne, s'arrondit autour de la mer, et je retrouve, au premier plan, les jardins de Catane, des fleurs sous des palmes, une flore que, seul, peut rendre le pinceau, des fontaines antiques autour desquelles ça ardent des filles.

Mais le train ne s'annonce pas, envasé peut-être dans l'étier. Donc, vous saurez tout.

Après déjeuner, retour de Villez, je me suis assis entre des caisses de lauriers, sous la tente du café de l'*Univers*. J'y suis resté longtemps, regardé de travers par les garçons, parce que je ne consommais guère, pour entendre des airs de harpes supérieurement touchées par trois virtuoses d'allure italienne.

Incapable, grisé d'harmonie, de tenir ma langue, je dis à mon voisin :

— Délicieuse, cette musique !

— Aôh !

Et l'Anglais, dérangé dans sa sieste laborieuse, reprend son regard voilé, sa britannique humeur qui met comme une vitre ternie sur son âme de voyageur.

— Délicieuse... recommençai-je à mon voisin de gauche.

— *Niam niam*... ou quelque chose d'approchant.

Suédois, Russe, Circassien, Youddi peut être... Je ne sais sur quelle terre a vu le jour ce deuxième particulier.

Un troisième personnage est à ma table, raide, guindé dans son col immense, bagues — oh! combien — breloques, boutons même en or, canne à pomme idem... Il rappelle le garçon et s'emballe pour un bock mal tiré... C'est le Stathouder, pour sûr, ou le plus Mexicain des généraux. Je n'ose lui adresser la parole, s'il allait m'avaler !

Surviennent deux matelots et notre tente s'égaie. Il est à eux, le trottoir et toute la rue. Ils sont riches avec vingt francs dans leur bourse. Ils invitent le garçon, les joueurs de harpes, le patron, celles ou ceux qui passent. Pour un peu, ils inviteraient le monsieur bardé d'or et lui taperaient sur le ventre en le traitant de *vieux copain*.

Et ces exclamations :

— Ouvre tes écoutilles, Madurec.

Madurec se retourne et s'écrie à l'approche de deux dames en rose :

— Tonnerre de Brest !... Les jolies corvettes !

— Ce qu'elles sont astiquées et gréées, hein ! mon vieux ?

— Pfuit !

Rougissantes, sous leur toilette rose du chapeau

à la jupe, les deux dames sourient, le mouchoir aux lèvres.

... Puis, la tête pleine de musique, j'ai pèleriné par la ville, aux Halles, au marché à poisson, au Dolmen, aux docks immenses, où s'entassent les bois de Norvège. J'ai vu manœuvrer les ponts tournants et glissants pour la sortie de « *la Navarre.* » J'ai visité le bassin supérieur où l'on radoubait des transports, où l'on construit le « *Masséna* » navire de guerre qui coûtera la bagatelle de trente millions. J'ai mangé de la poussière à la fabrication des briquettes et je suis revenu par le quai de la gare, réservé au déchargement des charbonniers.

Je me suis retrouvé devant *l'Américain*... La jeune miss aux yeux verts n'y était plus, sur la passerelle, mais le douanier arpentait toujours le quai et je compris qu'il me reconnaissait.

La rue la plus belle est celle de Nantes. Elle aboutit à la mer sur une perspective unique. Mais la ville s'agrandit vers l'ouest : de larges avenues s'amorcent à d'autres récentes.

Que la Loire s'en mêle et, bientôt, les dunes de Villez-Martin, les contreforts du vallon de Porcé se couvriront de constructions — et Saint-Nazaire prendra rang parmi les grandes villes de France ; port important, il l'est déjà. . Oui, mais, à Saint-Nazaire

Où l'on voit d' l'eau d' tous les côtés....

une chose manque, essentielle... de l'eau !

« A vous. »

VII

DE SAINT-NAZAIRE A BATZ.

Roulons vite... vers l'Océan entrevu de l'estuaire, cette ligne sombre sur laquelle s'appuyait le ciel.

Nous remontons vers Méan. Au premier kilomètre, à hauteur des Forges, le train bifurque à l'ouest, en plaine Brière. Des moutons courent l'herbe rase, et des vaches, en grand nombre, éparses dans l'immense plaine. Moutons et vaches ont bel aspect. Sur les hauteurs, pareilles à des tumulus et à des restes d'oppidum, que n'atteint pas l'onde amère, l'herbe est nourrissante.

Dans le relèvement lointain de cette plaine, s'enlèvent les flèches des clochers en cercle. Tous ces bourgs, quelques villages sur les ondulations, vivent de la Brière, de la vente des fourrages, de l'exploitation de la tourbe.. et de la pêche, en hiver. Le poisson de la mer et du fleuve, surpris par l'inondation, se laisse venir dans ce lac.

Malgré tout, malgré ces troupeaux, la tourbe et la pêche, la population est pauvre. Ce n'est pas la forte race des côtes. Les quelques demeures isolées auprès de la voie, chaumines à portes basses et fenêtres étroites, sont misérables, si tristes avec leurs toitures trouées par les bises, leurs murs en pierres sèches et les croix tracées à la chaux, grossièrement, sur des pignons qui menacent ruine.

Dans cette vallée, où l'existence est particulièrement dure, cette idée soutient les Briérons : la vie éternelle, les joies du paradis. Ces joies, je vous les souhaite du fond du cœur, gens de Saint-Lyphard à Montoir et Prinquian.

Et je me demande, le train roulant toujours en cette plaine d'une désespérance infinie, ce que peuvent bien savoir de la vie, ce qu'elles en pensent, ces paysannes encapuchonnées, gardiennes de troupeaux, accroupies, le fuseau à la main, derrière des monceaux de tourbe, ces femmes de Saint-Joachim pour lesquelles le Recteur catéchise en bas-breton, qui savent, de langue parlée, deux cents mots.

Elles sont heureuses, cependant, plus que nous, plus que moi, et beaucoup d'entre elles, plusieurs fois par jour, cherchent la place qu'elles occuperont un jour, Là-Haut, au pied de Notre-Dame-d'Auray, entre sainte Anne et sainte Brigitte !

Jadis, une toute autre vie s'agitait en ces lieux. On trouve partout, aux flancs des ondulations, sous la couche limoneuse et la tourbe, des vestiges de murailles, des tuiles à rebord, les traces de voies fréquentées — mais la tempête a renversé les arbres sur les habitations et nivelé le tout.

Le chemin de fer limite cette Brière, dont je ne puis détourner le regard, tant elle est mélancolique. A gauche, c'est la campagne bretonne ; de petits champs séparés de grosses haies. Quelques vignes, aux pentes des escarpements, s'étalent sur le roc ou le sable. Elles n'ont pas l'air vigoureux des pampres de l'Anjou et du Centre. Le vin en est tout de même capiteux avec un arrière-goût de silex.

Sensiblement, la végétation, même de ce côté, diminue, s'appauvrit. Insuffisamment protégés par les aspérités du rivage, les arbres se tassent, voûtés, tels des vieillards ou des enfants mal venus — et le vent de mer, non content d'avoir brûlé leurs cimes, s'acharne à leurs dernières feuilles qui claquent désespérément autour des rameaux presque nus.

Arrêt à Saint-André-des-Eaux : nom significatif.

On cherche vainement cette eau en ce mois d'août, mais on devine, au seul examen, les espaces qu'elle recouvre et les monticules laissés à sec.

Dans quelques vallons plus abrités, toujours sur la gauche, peu à peu sur la droite, car la Brière bientôt est derrière nous, les vignes se multiplient plus vivaces, sans être belles. Ce sont les vignobles de Pornichet renommés dans tout le pays de Guérande pour leur cru couleur de feu. « Pour ce jus, dit gravement le chroniqueur naïf, se feraient tuer gens de Batz et du Croisic. » — Du Saillé aussi, corbleu ! — jure certain baron. — « On en portait à l'accouchée, deux mesures pleines, pour la remettre de ses affres. »

Les arbres se rabougrissent encore, plus cassés, plus mordus à l'ouest, le chêne n'est plus que pygmée et quenouilles les peupliers. — Après les

verdures de Villez et de Porcé, de la pointe d'Aiguillon et de l'Ève, celles-ci, mièvres, ne sont plus
qu'aigrettes « fiévrotant au vent. »

Nous approchons de Pornichet ; j'ai fermé les
yeux pour les ouvrir tout d'un coup sur la mer. Il
en est d'elle comme d'une étoffe, il faut la voir
tout entière, ou la robe terminée, non sur échan-
tillon.

Debout, au vasistas ouvert, une fillette s'écrie :
— Maman, maman, tout ce bleu !..

Je me penche malgré moi. La côte s'est abaissée
et l'Océan, à cent mètres, s'étale en arrière de la
plage ; non plus, si vaste soit-elle, la rade de Saint-
Nazaire, mais la nappe infinie sombrant, on ne
saurait dire à quel point précis, dans l'horizon
reculé.

Effleurée du soleil qui tombe, la mer en est tout
illuminée, rouge au couchant, charriant de l'or
au centre, d'un bleu pâli, qui va se mourant en
nuances plus claires sur ses bords. En souffles
réguliers, comme la respiration d'une foule attentive, elle déferle sur le sable qu'elle ourle d'une
dentelle d'écume qui, longtemps, jusqu'au retour
du flot prochain, reste emperlée des feux du soir.

Puis le train la quitte pour s'engloutir dans les
sapinières, mais elle reste dans les yeux, la charmeuse.. A travers les arbres, on la cherche encore...

Le wagon se vide à Pornichet. Dunes envahissan-
tes il y a cinquante ans, où la mouvance des sables
interdisait toute construction, les plantations de
pins y ont merveilleusement réussi. Ces grains
impalpables repoussés par le vent, qui défiaient
toutes digues, ont cédé devant les pins. Immobili-

sées par les racines, ces dunes, ondulées au gré des derniers orages, ont conservé, comme surprises dans leur marche, leurs formes primitives. Peu à peu, sous bois, la végétation s'est essayée et, définitivement, a fixé le sable.

Sous ces pins à pénétrante et saine odeur, des centaines de chalets de tous modèles et de tous styles, se surpassant en coquetterie, se sont élevés ; l'eau douce a jailli et là où le vent hurlait au vide, la brise, maintenant, chante dans la forêt toujours verte, le Casino égrène de joyeux flons flons.

« Trou pas cher » autrefois, Pornichet est à ce jour la plage mondaine par excellence — de ce rivage, s'entend.

Ainsi que les « Rois heureux, » Pornichet n'a pas d'histoire et il n'est pas près d'en avoir sans doute, tant la *gentry* qui débarque ici, dans des flots de rubans et des bouffées de parfum, compte parmi les favorisés de ce monde.

Me voilà seul dans le compartiment, dans le wagon — et je songe à la gardienne de brebis, à la paysanne de Saint-Joachim ou de Saint-André-des-Eaux, accroupie sur la tourbe, guettant, par delà les nuages, dans le grand silence de la plaine, son coin de paradis.

※

Toujours des pins jusqu'à la Baule, entre lesquels furtivement, se dérobant comme une fiancée, la mer apparaît... Des dunes, des pins et des chalets...

Ces sables s'étendent à droite jusqu'à Escoublac,

à l'Escoublac nouvellement transféré; l'autre, le vieil, l'église elle-même, ont été enlisés.

Escob-lac *(Episcopi lacus)*, le lac de l'Évêque. Si cette étymologie est exacte — et rien ne vient sérieusement la contrecarrer — sauf le lac que les sables ont pu... boire ou combler, elle prouve l'antique origine de cette station. Elle prouve aussi l'occupation romaine. En ces lieux plus qu'en tout autre, au fond de ces criques qui rappellent celles du Latium, protégées du Nord par les coteaux de Guérande, les Romains retrouvaient presque leur patrie.

Vaincus en rase campagne par les légions disciplinées et mieux commandées, les Vénètes se retiraient sur la côte: ils profitaient des langues de terre qui s'avançaient, étroites et escarpées, dans les flots, construisaient même de ces promontoires quand ils n'existaient pas, et les barricadaient fortement à leur point de contact avec le continent.

La mer baignait les trois autres côtés, et là, ils étaient presque inexpugnables. Beaucoup de ces oppidum, que César qualifie de *lingula*, sont reconnaissables encore en Bretagne, quelques-uns ont été emportés par la mer, mais de ceux qui subsistent, le plus remarquable est sans doute celui de Penchâteau, à deux pas d'Escoublac, à la pointe qui ferme cette baie.

Une poignée de braves, et les Bretons l'étaient, pouvaient résister longtemps aux soldats de César. Ils ne craignaient pas la famine, accoutumés à se nourrir de poisson fumé.

Quand l'oppidum, enfin, cerné par d'autres travaux, menaçait d'être pris, les femmes, d'abord, les vieillards et les enfants, s'échappaient dans les barques, les guerriers ensuite et le dernier brandissait encore sa hache et lançait son trait, un pied dans le bateau.

Vainqueurs, les Romains s'établirent en ces parages, et, l'ennemi décidément hors de combat, descendirent au fond de cette crique dont Escoublac est le centre. Retenus par des rives boisées, par des îles disparues aujourd'hui, plus boisées encore, s'épandant sur la rive gauche ou rehaussant le lit de la Loire, plus profondément encaissé, en ce temps, ces sables n'avaient pas envahi la baie — et il est permis de la reconstituer : vaste demi-cercle limité par des forêts qui s'étendaient jusqu'à la Brière et, sous les arbres, dans la dépression du sol, le *lac de l'Evêque*...

Au siècle dernier, les habitants d'Escoublac durent fuir devant la marée des sables, plus terrible que l'autre, car elle ne redescend jamais, et transporter leurs demeures plus au sud-est, sur la route de Guérande à Saint-Nazaire.

Les bonnes vieilles du pays rapportent à ce sujet une bien jolie — j'allais dire bretonne — légende.

Avant la Révolution — Depuis, vous affirmeront les gens sensés il n'y a plus de miracles, le bon Dieu s'est éloigné pour ne plus voir ces horreurs : le paludier ne payant plus la dîme, le Seigneur et l'Abbé ne prélevant plus droits de *past* et de *nopces*, le peuple libre — deux voyageurs, un vieillard très vieux, à barbe de neige, et une jeune femme d'honnête tournure se présentèrent à la première maison du bourg.

Chose étrange, en cette Bretagne où tout voyageur égaré ou lassé trouve facilement encore du cidre, de la galette et de la paille fraîche, on leur refusa l'hospitalité, un abri contre la pluie qui commençait à tomber.

On les refusa partout, malgré la barbe vénérable du grand vieillard, la douce figure de sa compagne, leurs humbles supplications.

La porte du Recteur lui-même, canonisé plus tard peut-être, ou canonisable, ne s'ouvrit que pour se refermer aussitôt.

Après la dernière maison, ils s'arrêtèrent. La jeune femme, fatiguée, — la marche est difficile dans le sable mouvant — s'assit au revers du fossé, mais le vieillard demeura debout. Il jeta son bâton, redressa sa taille et secoua sa robe comme au sortir d'un mauvais lieu. La brise, sur sa vaste poitrine, promenait sa barbe fleurie, une sorte d'auréole entourait sa tête.

Il parla d'un ton courroucé... et sa compagne s'étant relevée en dépit de sa grande fatigue, s'avança vers lui, s'agenouilla même, les bras tendus, suppliante. Il maudissait sans doute ces gens impitoyables — et la jeune femme, connaissant les effets de sa colère, demandait grâce... pour cette fois.

Le vieillard ne voulut pas s'attendrir. Il arracha trois poils de sa barbe en prononçant trois mots — au nom du Père, du Fils et du Saint-Esprit — souffla dessus et, aussitôt, du plus profond de l'horizon, derrière le Monde, de l'Ouest où s'emmagasinent les Tempêtes, un vent violent accourut, si violent « qu'oncques nul n'en ressentit jamais. »

La pluie des sables, comme autrefois celle du

soufre à Sodome, s'abattit sur le village et l'engloutit... Les hommes purent se sauver. Ainsi l'avait obtenu Marie, car vous avez deviné que ces étrangers étaient la Vierge et Dieu le Père.

Voilà ce que racontent les bonnes vieilles à la veillée, et plus d'un gars, sans peur sur sa barque, frémit quand au loin dans la nuit gronde le jusant.

Voici l'explication des savants. Amené par le courant de la Loire, le sable s'arrêta d'abord à l'embouchure, remplissant des vides. Puis, tous vides comblés, la marée s'empara de ce sable arrivant toujours, le souleva, le roulael, ne pouvant, en toute bonne cause, le rejeter sur la pointe de Chemoulin, le ramena vers cette baie. Les vents du sud-ouest, les plus impétueux parce que rien ne les arrête, fouettaient contre lui le flot qui le rejetait à l'intérieur.

Pour qui connaît ce pays, l'explication est acceptable, bien que celle des femmes d'Escoublac soit plus simple, mais qui nous dira pour quelles causes cet envahissement s'est ralenti, puis a cessé? Sans doute, les plantations maintiennent les dunes anciennes; les pins, serrés en masses profondes, mieux que les plus hautes murailles, opposent leur barrière aux sables et les rejettent à la mer. Mais que deviennent ils? La Loire en charrie-t-elle moins? Ce peut être. Se déposent-ils en bourrelets sur le rivage et la vague qui les avait apportés les reprend-elle pour les ramener encore et indéfiniment?

Un docteur — je ne sais en quoi — rien n'arrête les docteurs, a trouvé ceci : Chassé par la Loire, repoussé par la côte, les pins et les falaises, ce sable — le pauvre! — s'augmentant toujours, a dû s'avancer en mer, celui du fond se formant peu à peu en bancs solides, se *rocifiant*, moins souvent déplacé de par sa profondeur — et, glissant sur le premier, l'autre va se déposer plus loin, par delà le Croisic, à Pen-Bron, jusqu'au plateau du Four, à plusieurs kilomètres au large, où l'on retrouve des galets pareils à ceux du fleuve.

. . . .

De dunes en dunes, nous arrivons au Pouliguen, la dernière station sur la baie d'Escoublac, comme le jour s'enfuit. Nous y reviendrons, au Pouliguen, par la Govelle et Penchâteau.

... Au couchant embrumé dans ses hauteurs, violacé, puis rougeâtre, se dresse le bourg de Batz. Un ami, que j'aime bien pour son âme sincère, m'y attend. Recueillons-nous pour lui serrer la main.

VIII

LA NUIT, A BATZ.

Cette première nuit à Batz, l'oublierai-je? Aujourd'hui, plusieurs mois après, en rassemblant ces notes, cependant que se lamente dans ma toiture et par mes huis la bise de décembre, je me retrouve à la nuitée sous la véranda rustique, dans la cour aux murs tapissés de lierre, de madame Lehuédé, la propriétaire du familial hôtel du bourg de Batz.

Je revois ma descente du train au crépuscule, dans la petite gare, l'excellent Monsieur David — pourquoi ne pas le nommer à d'autres touristes en quête de renseignements? — qui m'attend au bout du quai.

Après les absences longues, on n'a rien à se dire... On a tant causé, par lettres, de choses que le papier porte mieux, qui pâlissent en passant sur des lèvres d'hommes.

— Vous allez bien?
— Et vous?

— Venez.
— J'ai faim, vous savez, et soif,
— Tant mieux !

Dans la poignée de mains, j'ai essayé de mettre tout le bonheur, pour moi, de la rencontre ; lui, l'hospitalité de son cœur.

Il cause. Il a découvert de nouveaux « trous » à chevrettes vers la Govelle, de véritables réservoirs où chaque coup de *haveneau* amène sa demi-douzaine.

— Patience, vous verrez.

Puis il se tait, se souvenant de mes dernières lettres, comprenant que je ne suis plus avec lui.

Lentement, nous montons au bourg étrange ; étrange par son aspect, là-haut, sur les rocs, par sa tour, qui surveille des lieues d'horizon, par les mulons de sel de la plaine, trouant, de leur blancheur, l'obscurité grandissante. On dirait les tentes innombrables d'une silencieuse armée qui serait endormie ou morte, d'une armée de farfadets... auxquels les moulins à vent, des hauteurs, feraient des signes, désespérément, de leurs grands bras.

Les paludiers reviennent des marais, le long râteau sur l'épaule, et saluent d'un mot bref, sous leurs *sombreros*. Rentrent aussi la mesure sur la tête, vêtues de noir, pieds nus, glissant dans la poussière à la façon des ombres, des femmes, des jeunes filles en guimpes blanches, pareilles à des nonnettes en rupture de couvent.

Un parfum de violette, celui du sel lavé, erre, promené par la brise — et mes lèvres, imprégnées déjà, semblent le goûter.

Saint Nazaire a sa vie ardente, Pornichet et la

Baule, des casinos à flon-flons, le Pouliguen, son sable blanc où la lame se couche, tous les trois des plages arrondies où s'étalent de flamboyantes toilettes, mais aucun d'eux n'est comparable à Batz sur sa falaise.

Un rien d'effort suffit pour le reconstituer tel qu'au temps de la conquête, entouré par la mer, sombre, niché si haut, portant si brave que, par trois fois, le conquérant hésita avant de l'attaquer.

... Nous voilà sur la place de l'église, au pied de la tour ; derrière, dans un reste de lumière, se profilent, mystérieux en leurs ruines, les arceaux délicats de la chapelle du Mûrier... Un souffle passe, puissant, immense... un grand silence se fait et le souffle passe encore... C'est le large qui jette ses lames sur les récifs.

Je connais le sentier qui descend à la baie de Saint-Michel, les roches superposées que la mer assiège. J'ai envie, bien envie de dire à mon ami :

— Je n'ai plus faim ni soif, je ne suis plus fatigué. Laissez moi descendre à la plage, seul !

J'ose lui avouer :

— Si nous allions à la mer ?

— Par cette nuit sombre, pour nous rompre le cou... A quoi pensez-vous ? Nous avons le temps demain, toute la semaine. Par file à gauche.

Il m'entraîne chez madame Lehuédé.

D'autres m'attendent, des connaissances de l'an dernier, quelques peintres, et, surtout, des amants de la ligne et du haveneau. Et ça recommence :

— Vous allez bien ?

— Merci, et vous ?

— Et madame ?

— Asseyez-vous donc.

De suite, comme si nous avions ensemble pêché la veille :

— Les chevrettes ont remonté, vous savez, elles gagnent le large. Nous frétons une barque pour le Four, en êtes-vous?

— Parbleu, si j'en suis.

....

Je n'ai guère causé au dîner, ce qui a surpris la si douce dame de mon hôte... J'ai prétexté la fatigue, la trépidation que vous savez, cette journée d'été à vagabonder par les quais de Saint-Nazaire et les sables de Villez — et je suis sorti pour rentrer à l'hôtel, alléguant au dernier moment, quand on voulut déboucher une autre bouteille, du meilleur, qu'on fermerait sans m'attendre.

— Il fait sombre ce soir, me conseille, de son seuil, mon ami qui me devine, ne descendez pas à la baie.

— Par exemple !

De loin, j'entends encore ses recommandations fraternelles :

—... Sentiers ravinés... éboulements... eau profonde vers la jetée...

Il n'est pas dix heures encore, j'ai le temps d'errer par les rues étroites où, derrière de toutes petites fenêtres, vacillent de pâles lumières, le temps d'avaler une provision d'air saturé de robustes émanations. J'étouffais en dînant... Je me promène, le chapeau à la main. Je salue l'antique cité, heureux de fouler cette terre de braves, mystérieuse presque, par ses origines et son histoire.

Un soupçon de brise, une haleine, l'atmosphère déplacée par le flux, a chassé l'insupportable chaleur. La brise a balayé tout cela : les relents des cuisines et des fabriques, la fumée qui s'appesantissait sur le bourg ; elle m'apporte les senteurs de mer, le vague parfum d'algues vertes, de violettes et d'œillets des dunes.

Derrière les fenêtres, une à une, les lumières s'éteignent ; toutes les portes sont closes, plus un bruit, plus un chien, le village dort. On dort à l'aise ici, bercé par l'Océan. Sa respiration m'arrive toujours, plus puissante, plus distincte par ce silence, dans la sonorité de la nuit.

Une raie de lumière coupe la rue centrale. C'est le Directeur des « *Cures de Batz* » alignant des chiffres. Une autre devanture est éclairée, celle du *Figaro* qui rase la pratique, des mentons couleur de cuivre, pour demain dimanche. L'hôtel, enfin, presque au centre.

J'hésite à rentrer, passant et revenant devant la salle à manger ; ces caresses, sur mon front, sont si rafraîchissantes. Les baigneurs, pour tuer le temps, taillent les cartes, sous la lampe, et les dames, réunies au fond, dans la pénombre, ressassent les menus faits du jour.

Dans l'autre salle, à droite du couloir, madame Lehuédé est appuyée sur son bureau. Le rideau est soulevé ; elle est seule. Une idée me vient et j'entre.

Encore à elle m'interrogeant, toujours souriante, sur ma santé, mon voyage, je ne réponds guère. — L'idée me tourmente. — Elle bâille, à bout de généralités. Nous bâillons.

— Votre chambre, n'est-ce pas ?

— Oui, mais, écoutez...

Lors, à voix basse, vite, si quelqu'un survenait :

— Je voudrais une chambre d'où l'on puisse sortir à toute heure, sans déranger personne.

— Ah !

Elle me regarde et me comprend.

— J'ai votre affaire.

Par la cour, la cuisine et des corridors, elle me conduit elle-même à l'extrémité de sa maison qui donne sur une ruelle. Nous sortons pour rentrer quelques pas après et montons un escalier.

Elle ouvre et :

— Vous êtes chez vous. Nous ne fermons pas la porte de la rue à cause des domestiques. Dormez bien !

J'ai noté, nuit tenante, tous ces détails, et je les copie simplement sur mon carnet de route.

J'ouvris ma fenêtre et relevai le store. L'Idée, maintenant, me martelait les tempes.

Irai-je ? Non. — Mes pieds gonflés menacent de crever le cuir, mes jambes s'affaissent et ma tête est pleine de bourdonnements. J'appelle à la rescousse les conseils de mon ami, ses derniers avis : Sentiers ravinés... roches glissantes...

Je n'irai pas, j'irai demain, et j'enlève mes souliers et mon paletot.

— Peureux !... me murmure une voix.

Un coup de brise secoue le store et la flamme de ma bougie, un seul, étonnant par ce soir tiède. Avec lui entre le grondement de la mer, comme un appel...

Je reprends mes vêtements et, soufflant la bougie, emporté par l'idée, je gagne la rue, je tourne vers la grève, quelque chose me poussant aux reins.

A l'église, la lampe luit à peine à travers les baies fermées de vitraux coloriés... Les chefs des saints, auréolés, se détachent, leurs yeux, surtout, dans leurs figures pâles. L'un d'eux, saint Félix peut-être, l'évêque guerroyant de Nantes, ou saint Gwénolé, le moine blanc, patron révéré de ce pays, me suit de ses regards aigus, qui lisent au fond des âmes. On dirait qu'il se demande où se rend à cette heure ce voyageur curieux... Notre-Dame-du-Mûrier est davantage noyée dans l'ombre de la grande église et de la tour. On ne voit plus, de ses nombreux arceaux, de ses ogives à dentelles, presque incomparables en ce pays de temples superbes, qu'un dernier cintre, tout en haut, par lequel apparaît une étoile perdue, une seule, dans le ciel ennuagé.

Plus un souffle... que l'*autre*, à intervalles réguliers, de plus en plus distinct, vers lequel je marche. Jamais nuit plus calme. Ce coup de vent était un appel évidemment, un appel de la mer montante... à moi ! C'est à elle que j'obéis, vers elle que me porte l'Idée fixe, vers elle enfin que me pousse cette force qui pèse sur mes épaules.

Je vais, guidé par une seule étoile, celle entrevue dans l'arceau de la chapelle. Rien qu'une pour me guider dans cette descente de plus en plus scabreuse, doublement ravinée par les pluies et les fortes vagues des tempêtes... Mais voilà que, cédant à mon désir, la brise redevient alerte, les nuages se séparent, s'entr'ouvrent, et le zénith soudain resplendit, s'allume de mille cierges d'autant

5

brillants que la voûte est plus bleue et plus profonde.

Le resplendissement s'agrandit, le voile de nuages tombe aux quatre coins de l'horizon, et je reconnais à droite les pins malingres de ce qu'on appelle ici pompeusement le jardin public, la fabrique de conserves, quelques chalets épars sur les rocs, le mur avec sa niche pour la bouée de sauvetage, la fontaine de saint Gwénolé, tarie — plus de source miraculeuse, hélas! aujourd'hui, — la petite baie, sous moi, quelques barques sur le flanc et la jetée qui se détache dans le ravin assombri, puis les rochers.

Je tourne à gauche, longeant la muraille d'une villa, à cause des ravines, perdant pied dix fois dans des effondrements du sol, et je suis sur la pointe extrême avec la mer sous la main, autour de moi, partout.

Un roc me barre le chemin, je m'y appuie. Ce sentier se termine ici du reste : quelques pas et c'est la mer. Les rochers, par gradins énormes, en grandes tables superposées, y dévalent. Bientôt le flot viendra gronder à leurs pieds, s'attaquer à leurs masses; pour l'instant, il est presque loin. Mais la mer monte, jamais en repos, amenée par la brise. Dans les remous, indiqués par les fugitives lueurs du firmament, je suis ses courbes capricieuses, sa marche lente... je la guette... Elle avance toujours, lancée au rivage par la Force mystérieuse.

Plus avant, sous le ciel qui semble se rapprocher de l'onde, se confondre avec elle, dans le lointain, les vagues se chevauchent, jalouses, et charrient des tremblotements d'étoiles — et, encore plus loin, c'est l'ombre, la nuit de plus en plus dense, de plus en plus troublante, de par l'immensité.

Les Cardinaux et la Banche, vers Noirmoutiers et la côte Vendéenne, trouent cette obscurité, la font paraître plus profonde, de leurs feux rouges et verts que l'onde soulève. A ma droite, s'effaçant et reparaissant, au raz du Croizic, brille le phare intermittent du Four.

Nulle toile ne peut rendre ce tableau presque sans coloris, fait d'ombre, de nuit et de lueurs fugitives. On le voit à peine, on le sent, il entre en vous et, vous l'emportez... dans le cœur.

Il entre dans le mien — et c'est une sensation indéfinissable. Je grandis, je deviens plus fort... Je voudrais aller à cette mer qui tarde... Mais elle vient à moi et je m'assieds sur le roc. Ce roc, je le reconnais au toucher, à ses rainures... c'est le menhir de la pointe de Batz.

Depuis qu'il a été planté à cette place par les mille bras de la tribu gauloise, la falaise, certainement, n'est pas sensiblement modifiée.

Les sables ont transformé les dunes, comblé des baies, arrondi des criques, les vagues ont mordu, éparpillé des rivages calcaires, en maints endroits creusé des anses ou profilé des caps, mais les tempêtes, celles du ciel et de la mer combinées, s'acharnent en vain, depuis combien de siècles, à ce granit plus solide que des masses de fer, contre lequel ne peuvent ni le temps, ni la rouille.

Quel spectacle, quand Tintorix, le chef des Druides apparu au matelot de Massalie, sacrifiait ici, en face de l'Océan irrité !

La main sur le menhir qui nous raconterait bien des choses, s'il pouvait parler; j'évoque, frémissant, ces scènes antiques — et, le dolmen, le lieu et l'immensité aidant, elles se déroulent devant mes yeux. Je frémis davantage, incertain si la piere n'a pas remué sous moi... Je la touche encore, je la frappe du talon, c'est ma main qui tremble... et mon cœur ému des bruits de la nuit, d'un appel de goëland au large, de la mer qui pleure dans les grottes, rit sur les galets, gronde autour des récifs. ... Elles se déroulent devant moi, rapides, les scènes d'antan, toutes, le sacrifice, l'élection du Brenn, la bénédiction des étendards, les appels au combat, l'évocation des morts illustres, les supplications aux mânes.

Il fait nuit. la mer est grosse... Tintorix s'avance, le gui sacré à la main, drapé dans de longs voiles, escorté des Druides et des chefs des dix tribus; les premiers en longues tuniques blanches, couronnés de chêne, les chefs l'épée nue d'une main, l'étendard de l'autre. Le peuple est à genoux, au hasard du terrain, les guerriers en cercle, les femmes derrière... Le vent tord les flammes des torches qui rougeoient la mer.

Devant la pierre, devant moi épouvanté par cette procession de fantômes, les rangs s'entr'ouvrent et la prophétesse — Velléda — apparaît, blonde, à la taille flexible de roseau, à la peau de marbre rare, mais aux yeux farouches de croyante.

De sa voix, choisie entre dix mille, elle chante l'hymne à Gwyddon, Tut, Tat, Teutatès le Voyant, le père des Hommes, l'ordonnateur du Monde.

Les épées frappent le roc et les boucliers résonnent.

Le Druide lui passe une coupe d'or remplie d'hydromel. Elle recommence.

Elle dit l'hymne à Héol — le Soleil — qui fait croître les herbes pour la guérison de guerriers blessés à la bataille : l'herbe d'or, le samolus, la primevère, le trèfle, la jusquiame, la verveine et le gui, les sept plantes efficaces.

Et résonnent encore, à la gloire d'Héol, les épées nues et les boucliers.

Haute, jusque là, furieuse, comme pour forcer les dieux à l'écouter, à descendre, la voix s'adoucit. Elle chante maintenant pour Koridwen — la Lune, — la Fée blanche. Elle est si suave, cette voix, que les têtes se redressent comme se relèvent, après l'ondée, les arbustes penchés.

Puis le plus âgé des Druides, le second après Tintorix, tourne trois fois et trace trois cercles : le cercle de la Région, vide, dans lequel, sauf les Divinités, il n'y a rien de vivant, et que nul être, sauf Elles encore, ne peut impunément traverser.

Le cercle de la Migration, où tout être animé naît pour la mort — et l'homme le traverse.

Le cercle du Bonheur, où tout être animé procède du second, que l'homme traverse pour atteindre le ciel, l'immortalité.

A l'autel, il crie trois fois : « Ésus ! Ésus ! Ésus ! Descends sur ton peuple, ô Principe de la vie ! »

Sur cet autel où sont la coupe, le bassin d'airain, les talismans et des couleuvres nouées, Tintorix monte, le gui haut, les couleuvres enroulées aux bras, sa tête ceinte de flammes.

Lui-même, il répète l'invocation du vieux Druide : Ésus ! Ésus ! Ésus ! Descends sur ton peuple ! Ésus, le Dieu... voici le Dieu !!

Les torches s'éteignent... Les fronts heurtent la terre, la mer gronde, le Dieu est là. Tintorix se penche vers lui; ils commercent ensemble.

Il se relève, les torches se rallument. Le Barde entonne le chant de guerre avec une vigueur qui met les guerriers debout :

« Gaulois... Esus se plaint que vos cœurs s'amollissent, que vos pieds sont plus légers que ceux des élans, pour fuir...

« Gaulois... Avez-vous des âmes de femmes et vos mains ne savent-elles plus brandir l'épée, frapper à la tête...

« Gaulois... peuple de lâches !... »

Les guerriers bondissent sous l'insulte, les épées luisent et les yeux; tous crient, surmontant le bruit des flots de leurs voix puissantes : « Amrah ! les Gaulois sont braves... ils ont bu bien des fois dans le crâne de leurs ennemis... Mourir, c'est revivre...

« Pour Esus, pour Teut, Amrah ! c'est du feu qui coule sous leur peau. Nos pères sont venus de loin.. Que le Bren commande... nous le suivrons... »

Tintorix, cependant, s'est baissé sur les entrailles du taureau immolé. Ce bruit circule: « Les présages sont favorables ! »

Les guerriers s'embrassent et choquent le fer, et cette menace, ce cri de bataille que les légions romaines n'entendaient jamais sans frémir, monte jusqu'au ciel, effraie les monstres au large : Amrah ! Amrah !

. . . .

Ces rochers, quand sont passés conquérants et vaincus tombés dans la poussière du temps, ont écouté ces cris farouches, les échos les ont répétés ; cette pierre sur laquelle je suis assis a été arrosée du sang des victimes, captifs ou taureau sans tache. C'est peut-être en cette cuvette qu'il s'écoulait et que Tintorix trempait les enseignes avant de les distribuer.

Les hommes passent, la vie est un tremplin forcé, mais les choses restent. Indifférentes en apparence, elles gardent comme une teinte, un souvenir des événements. Devant elles, il suffit de les évoquer ardemment pour qu'ils surgissent. Pour moi, en cette nuit j'ai appelé le Passé, et le Passé est venu... J'avance de quelques pas, cette pierre me brûle...

..... N'est-ce pas encore à cette place qu'officiaient — quels offices ! — ces prêtresse Samnites, femelles farouches, affolées par des rites étranges, dont parle Strabon, le géographe antique.

Vouées au culte de Koridwen, peut-être, la Lune, la Vierge par excellence, à la face exsangue, elles revenaient au continent, à leurs époux, une fois en l'année, à époques fixes. Le reste du temps le sexe était banni de leur île, pourchassé à outrance, depuis le chat jusqu'au renard !

«... Comme nous passions près des côtes d'Armorike, rapporte Posidonius, un conteur au style imagé, nous entendîmes sur une île élevée des cris sauvages... Des femmes, des Furies peut-être, échevelées, vêtues simplement d'une ceinture qui s'enroulait du col au genou, nous menaçaient et tendaient leurs bras au ciel pour le mettre contre nous... Quelques-unes roulaient des rochers vers la mer.

« On nous raconta plus loin que ces femmes dévoraient leurs nouveau-nés, quand c'étaient des fils... »

« Chaque année elles détruisaient leur Temple et le rebâtissaient le même jour — et malheur à celle qui laissait tomber une pierre, elle était aussitôt mise en pièces par ses compagnes. »

Strabon a été abusé, crie bien haut certain historien qui, quelques pages tournées, a la larme à l'œil en s'étendant sur *quatorze* miracles de saint François. Pourquoi refuser à Strabon ce qu'on accorde si bénévolement à dom Jacobinus, traiter les uns d'imposteur et encenser les autres ? Il faut tout prendre sur cette terre qui ne ressemble aux autres, ni par son sol, ni par son ciel, ou tout rejeter. Ici, forcément, on naît, on devient superstitieux. La grandeur des horizons rend l'âme inquiète, l'étrangeté des sites la trouble.

Troublé, je le suis, pour cette nuit, au moins.

... Le flot, maintenant, bat la falaise ; jusqu'à moi jaillissent des envolées d'embruns. Plus fort, il gronde dans les passages souterrains de la Dilane et du Drewin. C'est, sous moi, une colère immense de l'élément coupée de plaintes rauques, terrifiantes, énormes, et de rires extraordinaires, comme des hoquets désespérés, des chaînes défilées à grand bruit sur un treuil. Impuissante à démanteler ces rocs, à les vaincre en face, la mer, traîtreusement, les mine. Lassés de ces attaques renouvelées plusieurs fois le jour, des quartiers se sont écroulés ; d'autres, rongés alentour, ont tenu ferme et bravent encore les lames de leurs profils fantastiques.

Quel tableau macabre sur cette côte à silhouettes,

vaporeux sur l'onde portant d'argent, quand Koridwen s'enlève à l'autre bout de la plaine liquide et promène son regard de vierge morte sur la cavalcade des vaguelettes !

Koridwen, Phœbé, sœur de Diane, chère aux Éphésiens et aux vieux Celtes à sang rouge, mes aïeux, toi vers qui se tournaient les amantes désolées de l'Orient, vers qui se tournent encore, interrogeant ta face mystique, les yeux du poëte... je t'aime... Je te voudrais!

Je me tourne vers le sud, souhaitant l'apparition de la *Fée Blanche*. Étrange encore! De même que devant la chapelle du Mûrier, mon vœu se réalise et la Fée sort de ses voiles, jette un long regard sur la mer, sur moi. Elle paraît et les choses deviennent silencieuses : *Silentia amica Lunœ*. Elle est la Déesse du Silence. Les flots par enchantement s'apaisent, s'étalent, se taisent. C'en est fini des hurlements sous la Dilane, des assauts à la jetée, des plaintes sinistres. La traînée blanche grandit, s'élargit, caresse l'Océan qui se calme dompté, murmure à peine, puis s'endort dans son lit d'argent remué.

Peu à peu se sont éteintes les étoiles, ont sombré les feux des phares. Je suis dans le ciel la lente ascension... et, lentement aussi, la mer se retire, court à Koridwen qui l'appelle au loin sur d'autres rivages.

Les rochers profilent leurs ombres... On dirait des guerriers accroupis, en vedettes, prêts à s'élancer. Ce silence est plus effrayant. La brise a fraîchi, elle souffle de terre.. J'ai froid et frayeur. Toute cette vie, qui tournait autour de moi, s'est évanouie avec l'ombre ; la mort, avec cette pâle lumière, lui succède.

Je rentre, talonné par cette puérile frayeur, je remonte à grands pas, guetté par les rochers aux poses de sphinx, Tintorix à mes trousses. Mes oreilles bourdonnent, il est temps d'arriver.

Nuit tenante, oui, j'ai noté ces choses, et, n'étaient les pages noircies, éparses dans la chambre, je croirais avoir rêvé.

Amants de la mer, des apparitions d'un autre âge — et de la Lune, allez vous appuyer, à la nuit, au menhir du Bourg de Batz !

IX

EN VOULEZ-VOUS, DES LÉGENDES !...

Dix heures me sonnèrent au lit — et furent étonnées Yvonne-Marie et Marie-Louise, quand je descendis et demandai à manger. Il n'y avait plus, pour moi affamé par la promenade nocturne, ni café, ni beurre, ni beurre, ni café. — A cette heure, monsieur, songez donc !

Yvonne-Marie et Marie-Louise — elles se nomment toutes Marie, en cette pointe de la Loire-Inférieure, — sont les deux *bonnes* de madame Lehuédé.

Elles trouvent tout de même un bol de café au fond de la cafetière et la marchande vient d'apporter du beurre frais. Tout en trempant des tartines de ce beurre incomparable, en permanence sur les tables, dont on mange avec toutes les viandes, du poisson et... des huîtres, je les examine rangeant la salle, préparant la table pour le déjeuner. Toutes deux ont, non pareilles pourtant, la grâce innée, la démarche des filles de haute race.

Toutes deux sont coiffées à la mode de cette ancienne île, qui n'est pas celle des femmes du Morbihan, ni de Cornouailles, ni de Rennes ou de Paimpol. Un bourrelet, retenu par une résille blanche, leur forme une couronne, encadre leurs tempes, et, sur la coiffe de la plus fine guipure, retombe, plus transparent encore, ce voile rectangulaire qui leur donne un faux air de sœurs converses et fait songer aux bandelettes qui contournent les fronts des dieux Égyptiens.

On les devine, ces filles de vingt ans, saines et fortes, énergiques, autrement charpentées que nos filles du Centre.

Marie-Louise, grande, à la chevelure dorée, à la peau sur laquelle on voit courir les veines, rappelle les races du Nord qui, les premières avant l'occupation romaine, visitèrent ces côtes.

Yvonne Marie, brune, le port altier, les yeux pointillés de gris, d'un bleu sombre, est le type de l'antique population qui lutta si longtemps contre les envahisseurs et demeura indomptable.

Toutes deux prouvent, à leur manière, la fidélité de l'histoire transmise en de savants cartulaires ou rapportée par la tradition. Quand les lieutenants de Rome, l'Empire croulant, furent chassés de la Gaule, vers la fin du cinquième siècle, les peuples du Nord, tenus malgré tout en respect, se souvinrent des excursions de leurs pères, et, de nouveau accoururent. C'était l'habitude du Nord de se ruer sur le Midi. Batz, par sa position sur la mer qu'il domine, dut maintes fois les tenter. Des Saxons s'y fixèrent, soit qu'il fût plus facile de rayonner pour courir au pillage, soit que cette île, naturellement fortifiée, leur parût un excellent repaire. Pillards et corsaires, ils s'entretuaient au partage du butin, et vivaient à la façon des bêtes féroces.

Une première fois ils furent battus, mais non délogés, par Gradlon, le baron fameux en Cornouailles, « plus terrible que tous démons » Saint Félix, qui catéchisait casque en tête, les convertit. Ils s'adoucirent et commercèrent avec leurs voisins, sans toutefois « mêler leur sang. » Aussi cette race, gardienne de rudes guerriers est restée presque pure.

Il n'est pas rare, de nos jours, de rencontrer au coin d'un sentier, descendant au marais ou ramassant le goëmon au ras du flot, quelques femmes qui, vêtues de la casaque sans manches, n'étonneraient pas dans les rues d'Édimbourg, et des pêcheurs auxquels il ne manque que le plaid et de longs cheveux pour ressembler aux bateliers des lacs de la verte Erin.

Jusqu'à ce siècle, femmes et hommes avaient conservé ce goût des habits bariolés, jupes ou gilets étagés, aux vives couleurs, tous vêtements chers aux Écossais — et c'est au ronflement de la cornemuse que se danse la dérobée. Mais ces vêtements reposent au fond des coffres ; on s'habille aujourd'hui comme baigneurs et baigneuses.

Marie-Louise — elle sourit quand je l'en informe — est fille de la Race conquérante, son sang est presque pur — et Yvonne-Marie, j'en suis sûr, a vu le jour du côté de Guérande ou d'Escoublac. Leurs voix mêmes sont de timbre différent. Celle de la première est hautaine, son rire décevant et moqueur. Ces Saxons comptaient tous des rois, des dieux même, à la souche de leur lignée. La voix de l'autre est douce, caressante, timide, c'est la parole voilée des bretonnes toujours soumises.

S'en doutent-elles? Elles sont belles. Plus d'une grande dame envierait leur démarche, la finesses de leurs attaches et la régularité de leurs traits... Ainsi, ailleurs, j'ai vu les femmes arabes; ainsi sont toutes celles dont les veines charrient le sang primitif. Les mélanges produisent des fleurs plus compliquées, mais la plus belle est la plus simple, c'est-à-dire la première.

*_**

— En voulez-vous, des légendes ?
Ainsi m'apostrophe mon compagnon.
Nous sommes assis sur la jetée, les jambes pendantes sur la mer au plein, car nous avons attendu le flux. Devant nous, c'est l'Infini, ensoleillé cette fois. Je regarde les rochers de cette nuit, le menhir, les granits déchiquetés — et je souris de mon enfantine frayeur. La mer est calme et magnifique.

Un pêcheur qui « porte » pour les langoustes, nous a crié :
— Ça ne tiendra pas, cette mer d'huile; nous sommes en Méditerranée.
— Nous avons, de fait, une mer d'huile, souligne mon ami.

La voilà, cette mer qui m'épouvantait hier et ce matin. Bleue dans ses profondeurs, elle est verte à son étal, d'or sur le sable, rouge, jaune, de couleur inexprimable ailleurs selon les herbes et les roches du fond. Les phares, au loin, ressemblent à des bornes plantées au bout de l'horizon. La côte étincelle vers le Croisic, et des banderoles flottent sur l'établissement de Saint-Valentin.

Tout en rejetant de plus en plus loin ses lignes à plon qui reviennent... vierges, il répète :

— En voulez-vous, des légendes ?

— Parbleu !

— Celle... Tenez — retournez-vous — de Notre-Dame-du-Mûrier.

J'obéis et regarde la chapelle dont les arceaux à jour se dessinent, un peu tristes, sur ce ciel joyeux d'une après-midi de dimanche.

— Il y a belle lurette de cela, la reine Berthe ne quenouillait pas encore, un jeune seigneur des environs... J'ai oublié son nom, s'interrompit-il en se creusant la mémoire.

— Appelez-le Bertrand, dis-je, j'aime ce nom, depuis l'autre.

— Bertrand, si vous voulez... aimait la fille du sire de Sesmaisons, un autre seigneur vers Escoublac.

— Bertrand était fier... mais pauvre.

— Qui vous l'a dit ?

— Continuez.

Il était pauvre, oui, et ses avances furent dédaignées par le vieux seigneur. La Damoiselle ne regardait pas de mauvais œil ce beau gars de fière mine, taillé en plein bloc, mais ses désirs n'allaient pas jusqu'à quitter un castel à tourelles pour habiter une gentilhommière ouverte à tous les vents.

Nul n'a tête dure comme un breton féru d'amour. Bertrand partit guerroyer contre l'Aglais, pour acquérir los, renom — et richesses, car la gloire amène nécessairement la fortune. Il joua si bien de l'épée, frappant, sur l'onde et sur terre, d'estoc et de taille, que d'un bout à l'autre de l'Armorike, sur les îles et le continent, on ne parla plus bientôt que de lui.

Je vous laisse à penser si rageait le seigneur de Sesmaisons et s'ennuyait, guettant l'horizon, la Damoiselle.

Cependant la renommée du jeune homme croissait, effaçait toutes les autres. Il eût pu, certes, fonder des royaumes, épouser des filles de roi, mais les Bretons, je le répète, sont fidèles à leurs Dames et à leur pays.

Comblé d'honneurs et de richesses, il s'embarqua, après de longs mois, pour rentrer au terroir, davantage amoureux qu'au jour du départ.

— Musset l'a dit.

— Peut-être avait-il entendu conter cette histoire... Sur un bateau, frété de sa bourse, Bertrand avait déjà tourné Quiberon et la pointe du Croisic était en vue. Debout à l'avant, il indiquait des changements dans les voiles pour gagner du temps, et s'étonnait de sentir son cœur battre plus fort, quand soudain le ciel s'assombrit et un ouragan extraordinaire s'abattit sur la mer.

Le bateau fut rejeté au large. Plusieurs jours les marins errèrent, ayant perdu la terre de vue, sans savoir où ils se trouvaient. Les compagnons de Bertrand se lamentaient et lui-même perdait tout espoir. Il ne leur restait qu'un mât et la moitié d'une voile.

Or, la quatrième nuit, la mer s'étant un peu calmée, il aperçut une lumière. Il releva le courage de ses hommes, orienta son morceau de toile et fit porter vers cette lumière, promettant au Ciel de construire une église à l'endroit où il prendrait terre.

Il gravit la côte en chantant miracle. La clarté qui l'avait guidé lui était venue d'un vieux mûrier. A son arrivée elle s'éteignit. Qui l'avait allumée? Sinon la bonne Vierge, la protectrice des matelots en péril?

Il s'agenouilla, récita ses oraisons, puis sans perdre une minute, sur la mule du Prieur lui-même, il chevaucha vers la demeure du sire de Sesmaisons.

Il était temps! — Sans nouvelles du jeune homme, se prouvant que, avec renommée si grande il s'était lié « d'épousailles » en d'autres lieux, la Damoiselle un brin désolée, avait cédé aux instances d'un seigneur du voisinage — vieux, hélas! et maltors — si riche et cette nuit même, elle l'épousait.

L'aumônier attendait sous toutes voiles, je veux dire sous sa chape d'or tissée par les mains ivoirines des châtelaines, et l'autel, pavoisé de fleurs rares resplendissait de cinquante torches. La Damoiselle, la mort dans l'âme, traversait la cour au bras de son père, quand retentit le cor pour demander la herse.

Était-ce un invité retardataire, un de ces moines quêteurs qui ne manquaient jamais pareille cérémonie, y trouvant bourse ouverte au castel, cidre et provende sous le chaume, partout sourires? Bertrand parut: un mendiant, sans doute! On fit la moue. Ses habits étaient souillés de boue, en loques, et des algues emmêlées dans ses cheveux. Des valets accoururent pour le chasser, mais il les écarta de son poing robuste et vint se placer dans la lumière... La jeune fille le reconnut, tant il avait bonne mine, malgré son accoutrement, et, n'ayant rien de mieux à faire... s'évanouit.

Force fut de remettre le mariage au lendemain. Seulement le lendemain, — les formalités n'étaient pas compliquées, en ce temps, — ce fut Bertrand qu'elle épousa à la barbe du chapelain ébahi. Le sire *Maltors* en fit une maladie... dont il mourut.

Les époux édifièrent cette chapelle. La Dame la voulut superbe, car le miracle était évident.

— Eurent-ils beaucoup d'enfants ?

Et mon ami, délicieusement, de me répondre :

— Sept, je crois.

— Tant mieux, riai-je, à cœur vaillant, nombreuse lignée.

⁂

— Nous irons au Croisic, continua-t-il, si heureux de lever des plons qu'il n'eût pas cédé sa place pour un écu, riant sous cape de mes « choux blancs. » Vous verrez, à huit cents mètres du bourg, une chapelle modeste, la chapelle du Crucifix. C'est en ce lieu, dit-on, que fut baptisée, toujours par saint Félix, la colonie Saxonne. D'authentiques miracles s'opérèrent aux alentours et le pêcheur qui, sombrant à demi, a l'heureuse idée de promettre un cierge au Crucifix, voit sa barque se redresser et narguer la lame.

Mais voici l'histoire, connue de l'embouchure de la Vilaine à celle de la Loire.

Un soir de Toussaint, sur le minuit naturellement, Jean-Marie Le Goff revenait du Croisic au bourg de Batz quand, devant la chapelle, il vit des lueurs à travers les vitraux. De la lumière, à cette heure, cela lui parut suspect !

Jean-Marie était un gars brave et vigoureux — et, son courage s'augmentant des petits verres absorbés dans les cabarets du Croisic, il raidit ses muscles, assura ses poings et *fonça* hardiment.

Mais, dès le porche, il s'arrêta, stupéfait : dans la chapelle illuminée, se tenait, accroupie, le front vers les dalles, une nombreuse assistance : un prêtre, en étole et chasuble, sortait de la sacristie, le calice à la main.

Une force invincible poussa Le Goff à l'autel. Au signal du prêtre, il s'agenouilla et répondit au rituel, avec la ponctualité du plus sexagénaire des sacristains.

Très intrigué au début, il se sentit bientôt envahir par la frayeur. Autour de lui, pas un mouvement, pas un souffle... Le silence absolu, la paix inquiétante de la tombe. Les pas du prêtre n'éveillaient pas plus d'écho que les ailes d'une chauve-souris : seuls, ses *répons* retentissaient sous les voûtes sonores.

Par la porte demeurée ouverte, arrivaient en menaces lointaines, les grondements de la mer sur les galets et, tels des soupirs d'âmes en peine, les plaintes des vents.

Sa frayeur redoubla.. L'assistance, de plus en plus, s'abîmait en contemplation. Jean-Marie servait toujours, tournait le livre, sonnait pour l'Élévation. Il n'osait se retourner... Il avait cru entendre, derrière, des heurts d'ossements froissés,

Des sueurs lui coulaient aux tempes. La peur, cette fois, battait de l'aile sur sa tête.

Mais ce fut bien d'une autre affaire, à *lavabo*, au moment de verser l'eau à l'officiant. Il vit — il ne se trompait pas — se tendre vers lui des doigts décharnés.

Il leva les yeux sur le prêtre. Horreur !... Il avait servi la messe à un squelette.

Lâchant burette et cuvette, il bondit par dessus la grille, par dessus les bancs, retombant sur des ossements qui craquaient, poursuivi par des souffles. Il tomba raide, sur son seuil, et sa femme dut appeler le maréchal pour lui desserrer les dents.

....

Ce squelette revêtu de l'étole et de la chasuble, était celui de l'abbé Picot. L'abbé Picot, de son vivant, desservait la chapelle du Crucifix. C'était un homme avare, orgueilleux, grand humeur de piot, toute la lyre, qui méprisait le pauvre monde et ne pratiquait point les vertus du prêtre selon Jésus.

Un soir qu'il rentrait au presbytère, il fut accosté par une bonne femme qui le pria de venir administrer son mari.

— Il se finit, monsieur le Recteur, gémissait-elle.

L'abbé, ennuyé, toisait les hardes de la vieille et reniflait, entre temps, une extraordinaire odeur de rôti qui s'échappait de la cuisine. Le rôti triompha.

— J'irai ce soir, dit-il, de son air rogue.

— Oh ! pria la vieille, il passera, le pauvre, avant ce soir ; il a déjà « commencé sa fin. »

— C'est bon, qu'il attende, je me presserai.

Mais le gigot d'agnelet était si tendre, si frais le vin de Pornichet, et si tentantes, peut-être, les joues de Catherine, que Picot s'oublia — et le vieux, là-bas, rendit tout seul son âme au Créateur.

En présence du cadavre, certaine souvenance du rôti aidant, l'abbé fut pris de remords. Il avait assumé, certes, une terrible responsabilité en privant un chrétien des consolations de la religion, en laissant partir un marin sans boussole et sans lest. Il s'agenouilla, tout contrit, et récita la prière de l'âme.

Quand il eut terminé, la vieille le tira par sa soutane et lui demanda timidement :

— Monsieur le Recteur, combien me prendrez-vous pour une semaine de messes ?

— Trois écus, ma brave... Mais puisque votre homme est mort sans sacrement, par ma faute, je vous acquitte pour deux.

— Bon Jésus ! c'est encore une grosse somme pour de petites gens... Je vous les donnerai tout de même, mais pour que le cher défunt ne souffre pas trop, là-haut, dans les premiers jours, pour qu'il soit bien vu des autres et puisse s'accoutumer, promettez-moi de commencer les messes dès demain ?

— Je vous le promets, dit l'abbé qui, décidément, tenait à se faire pardonner ses torts.

Il serra l'argent que la bonne femme tira d'un bas de laine et prit la porte.

Le casuel ne vaquait guère, en ce temps. Un riche marchand de sel attendait. Il avait besoin, lui, pour sa femme, de trente messes, trente messes chantées, avec croix et bannières, encensoir et *Libera*. Seulement, la femme d'un homme riche ne saurait attendre, il fallait chanter la première dès le lendemain.

— Demain ! Impossible, gémit l'abbé qui exposa son cas.

Mais le richard fit sonner tant et de si excellentes raisons, sous forme de beaux écus de trois livres, parla avec tant de mépris du pauvre diable trépassé que, menacé, en fin de compte, de voir l'aubaine prendre le chemin de la bourse du curé du Pouliguen, Picot capitula.

Trente écus, pensez donc, le prix d'une barrique des clos Vallet, vrai topaze liquide, dont le Doyen de Guérande lui avait fait goûter de remarquables échantillons !... Et puis le mort pouvait attendre en sa qualité de vilain — les vilains ont peau dure. — Une semaine, six jours, quelle affaire ! Une semaine, qu'est-ce auprès de l'éternité ?

L'abbé eut soif à chanter chaque jour ; il acheta la barrique convoitée et but tant et tant du... topaze, qu'il mourut — mettons... d'apoplexie, le vingt-neuvième jour. Il eut à peine le temps de se confesser avant de paraître devant Dieu.

En ce temps-là, les vilains étaient si malheureux, si malheureux, que leur séjour sur la terre leur était compté pour l'expiation de leurs péchés, même mortels. Aussi, après un mois de purgatoire, le mari de la vieille qui avait été, malgré quelques écarts — qui ne s'écarte pas, bon Dieu ! — un brave homme, fut admis au paradis. Mais, durant ce mois, il n'avait pas dormi sur un lit de roses. Sur le chemin du Purgatoire au Ciel, il pestait fort contre le drôle qui lui avait soutiré une semaine de bien-être. Il songeait, en son langage de pêcheur :

— Si jamais j' mets l' grappin dessus !

Juste, Auguste ; à la porte du Paradis, il se trouva bec à bec avec l'abbé. Muni de l'absolution, des Saintes-Huiles, d'une douzaine d'oraisons, plus jaculatoires les unes que les autres, Picot, tranquillement toquait à la porte de bronze.

Souffrant encore de ses brûlures, les reins marbrés du gril, le vieux pêcheur redevenu jeune et alerte, agrippa le recteur au flanc et se mit en devoir de le « travailler » de la belle manière.

L'un criant, l'autre tapant : — Attrape, tu m'en diras des nouvelles, attrape encore... Une, deusse, fendez-vous — ils firent tel tapage que le bon Dieu accourut derrière saint Pierre et saint Michel :

— Eh, là, là, s'écria t-il, qu'est-ce à dire ? Est-ce toi, méchant vilain, qui oses faire à ma porte pareil tintamarre ?

Lors, le vilain raconta l'affaire au Père Éternel... Ah ! mais !!... Et le Père Éternel, plus juste que toutes les justices du monde, après s'être gratté la barbe, se tourna vers l'abbé qui tremblait de tous ses membres, et, d'une voix sévère, dont résonnèrent les voûtes du sacré séjour :

— Est-ce vrai, ce que me dit ce brave homme ?

— Hélas !... mon Souverain Seigneur !

— Ah ! méchant prêtre, clama le Père Éternel furieux, méchant prêtre ! C'est ainsi que tu volais le pauvre monde et que tu t'acquittais de tes devoirs ? Pendant... cinq cents ans, cinq cents, entends-tu, prêtraille, chaque année, à la fête de la Toussaint, tu diras la messe des trépassés pour les âmes en peine de la presqu'île.

— Seigneur!...

— Va-t-en!

..... Et, de ce temps, chaque année, en punition de ses péchés de gourmandise, d'avarice et d'orgueil, l'abbé Picot *revient* dans la chapelle du Crucifix. — Et c'est un grand bien, à quelque chose malheur est bon, pour les âmes des pauvres de ce pays qui ont ainsi des messes sans bourse délier.

— Ainsi soit-il! dis-je.

X

LE « SOURCIER. »

Nous remontions, par le Prieuré, au hasard des maisons égarées dans des jardinets aux murailles croulantes. Ces haies de pierres, de granit grisâtre, se prolongeant à l'infini, paraissant se toucher, se rassembler pour former comme une roche immense que n'égaie la moindre verdure, forment un tout indiciblement mélancolique ; on dirait d'une vaste nécropole.

Ayant terminé la curieuse histoire de la *Messe du Squelette*, mon compagnon se haussa sur un roc et s'écria :

— Il est là !
— Qui ?
— Monsieur Jean.
— !!
— Venez, je vais vous le présenter.

« Monsieur Jean » est pêcheur, jardinier, paludier, et, entre temps, « sourcier. »

En vaguant à travers les allées du jardin, vert

tout de même quand les alentours sont brûlés, il veut bien nous indiquer comment il « opère. »

Ça lui vient, voilà tout, et c'est vraiment extraordinaire. Lorsqu'il veut trouver de l'eau douce, il s'en va quêtant, rôdant, silencieux, l'oreille attentive — et il en trouve, — s'il y en a — sa baguette à la main, de préférence un sarment de vigne.

Aux fées, aux sourciers, corruption presque certaine du mot sorcier, cette baguette est indispensable comme le corbeau chez le *jetteur* de sorts. Chez les premières, elle est d'ivoire ou d'or, on en cite de diamant, mais chez les autres, elle doit être végétale, souple et *verte*. Je souligne verte.

Peut être, je n'affirme rien, la commotion que Jean croit ressentir, — ressent, nous dit il — quand il passe sur la source, lui est-elle transmise par la sève de sa baguette. Cette baguette, alors, est la conductrice d'une puissance quelconque émanant de l'eau, d'un courant, inconnu aux profanes, si vous aimez mieux, qui s'établit par elle entre la source et le sourcier.

Ce qui semblerait le prouver encore, c'est que la baguette doit être de bois tendre, un peu spongieux. Le noisetier et le sarment le sont. Avec le bois dur et noueux : houx, chêne ou tout autre, la... transmission ne se produit pas.

Monsieur Jean Guillon a, depuis longtemps, sa renommée établie. Puissent ces quelques lignes l'augmenter, car, sourcier ou sorcier, il est sincère et il réussit.

A lui seul, il a transformé la jolie station de la Baule, entre le Pouliguen et Pornichet. La beauté de la plage et du site invitait bien à la construction de villas, mais on n'y trouvait pas d'eau, ou, sous le sable et le granit, à des niveaux variant entre cinquante et soixante-dix mètres, de l'eau saumâtre et salée. On perfora, à droite et à gauche, en tous sens, avec l'outillage perfectionné de la science, et l'eau, provenant des infiltrations de la mer et des marais d'amont, était toujours impossible.

De guerre lasse, quelques propriétaires, sceptiques à demi, mandèrent M. Guillon, l'humble jardinier du bourg de Batz — et M. Guillon trouva de l'eau à la barbe des savants ahuris.

A tel endroit, à trois mètres cinquante, il annonça de l'eau, et, à cette profondeur, exactement, la source jaillit, intarie depuis lors, malgré les sécheresses

Il a trouvé ainsi des sources, ou des réservoirs souterrains, pour les chalets de M. Gras, de M. Gandolphe, de dix autres.

Le cas de M. Grosnier, directeur de la maison Say, est particulièrement suggestif. M. Grosnier, à grands frais, avait fait sonder tous les environs. Des ingénieurs renommés vinrent de Paris. On creusa jusqu'à près de quatre-vingts mètres et on rencontra de l'eau de mer. Découragé, songeant déjà à planter ailleurs sa tente, M. Grosnier envoya quérir notre sourcier, et, à quarante mètres du puits artésien, à quatre mètres du sol, Jean Guillon découvrit une source abondante qui s'épanchait dans les sables.

Très intelligent, ses yeux, légèrement voilés d'ordinaire, comme les yeux des penseurs, s'animent et resplendissent à la conversation, M. Jean est la modestie même. Comme les sages antiques, dont il a l'aspect et la sérénité, il travaille surtout pour l'art. On lui arrache difficilement des détails sur ses recherches, toutes suivies de réussite — et s'il accompagne un villageois pour indiquer l'emplacement d'un puits, c'est uniquement pour lui rendre service.

Je lui demande :

— Quand vous passez, par hasard, sur un terrain qui recèle de l'eau, sentez-vous quelque chose, je ne sais quoi, des appels, des frissons ?

— Rien.

— Et si vous avez votre baguette ?

— Rien encore, si je ne cherche pas.

— Peut-on la voir, cette baguette... magique ?

— Je n'en ai pas de particulière. Il n'y a pas de magie

Puis, contrarié :

— Quand je vais « travailler, » je coupe un brin de sarment, il me le faut vert... Le reste, *c'est en moi*...

— Êtes-vous fatigué, après ?..

— Les premières fois, parce que je craignais d'échouer, de passer pour un pas grand'chose.

— Et maintenant ?

— ... Je réussis toujours.

Voilà une affirmation sereine, si naïvement faite et venant du cœur en si droite ligne que, si j'avais une villa à construire sur les grèves de la Baule, je m'empresserais d'appeler M. Guillon pour avoir de l'eau.

Je le lui dis. Il m'arrête :

— Vous savez, là où il n'y en a pas, je ne trouve rien.

— Parbleu, vous n'avez rien de biblique, cher monsieur, et je suppose que vous n'avez pas la gaule de Moïse.

Il sourit et complète :

— Quand c'est une source, je dis : c'est une source et j'en suis certain.

— L'eau vive, alors, vous... *tourmente* davantage.

J'ai peut-être rencontré le mot propre. L'œil de M. Jean étincelle. Il me répond simplement, énergiquement :

— Oui, monsieur.

Nous revenons avec lui chez madame Lehuédé. On le salue, autour de nous, avec *amitiance*. Il est très aimé. Nous causons d'autres choses, mais son regard s'éteint quand il ne parle pas de son « art. »

J'aurais voulu le voir « au travail »; je n'ai pas osé le lui proposer. Je suis sûr qu'il m'a dit vrai, sa race ne sait mentir.

XI

AUTOUR DE BATZ. EN VOULEZ VOUS D'AUTRES?...

Ce matin, lundi, je me suis levé à l'aube naissante — et sont encore étonnées les paires d'yeux bleus et verts — Marie-Louise et Yvonne-Marie — Hier, à dix heures, aujourd'hui avec le jour! *Qu'és a co?* Les aimables filles ne sont pas dans le secret des dieux.

On a préparé chez M. David des haveneaux, pochettes à long manche pour la pêche des chevrettes, des filets de diverses formes, des lignes, des bâtons à crochets de fer, tout l'attirail d'enragés pêcheurs. On me charge d'un haveneau, d'un filet, d'un sac. Je suis harnaché en guerre.

— Foin de tout cela! m'écriai-je.
— Vous pêcherez, dit l'un.
— Faudrait voir... menace l'autre.

Je pêcherai pour avoir la paix et je fourre dans mon filet un pantalon .. antique!

Et nous partons à trois, — vous connaissez le troisième, mon cher Éditeur — pour la côte, par des sentiers bordés d'éphedra, à travers des villages proprets, entourés de leurs uniformes murs gris, dans un paysage de granit. Nous allons à la baie de la Govelle — où sont les fameux trous à chevrettes.

Un homme s'y est noyé hier. J'étais à la mairie à la nuit, avec M. Lehuédé, maire, hôtelier, entrepreneur, complaisant dans ces fonctions multiples, quand la sœur du noyé — le pauvre était célibataire — est venue faire sa déclaration.

Elle était fort peinée. Je le voyais au soulèvement de ses seins sous le mince corsage noir, à ses yeux cerclés, mais elle refoulait la souffrance. Les femmes de Bretagne sont fortes devant la douleur suprême; la mort, à la mer, est chose si commune !

— Voici, disait-elle, monsieur le Maire. Mon frère était allé ce matin à la pêche aux crabes, avec Jean-Marie, mon petit gars, sur la Govelle. C'est grande marée et la mer découvre davantage. Il y avait beaucoup de crabes et son panier était presque plein ; c'est Jean-Marie qui nous l'a conté. Il s'éloignait, la mer monta, elle l'entourait. Il voulut revenir, il revenait, d'une roche sur l'autre... son pied glissa, il tomba dans la ravine... il ne savait pas nager. Il était un peu *entaché* d'esprit, vous savez, monsieur le maire. Jean-Marie l'a appelé, appelé encore.... Puis il l'a vu flotter plus loin, s'en aller, les bras en l'air, s'enfoncer et revenir sur l'eau .. La mer l'emportait...

..... Nous descendons la falaise ravinée, avant la Govelle, à la baie de Manéric. Toute la côte est découpée de baies étroites et de caps monstrueux.

La mer se retire, et, nos haveneaux à la main, nous la suivons, soulevant des pierres pour dénicher les crabes trembleurs ou passant nos filets dans les flaques d'eau.

Mes compagnons font merveille : six, douze, quinze chevrettes, déjà... et des crabes, et des poissons bizarres, égarés. J'en ai peur, moi, des crabes, de leurs yeux glauques et de leurs pattes en fourchettes.

J'en prends une, enfin, une chevrette maladroite, puis je l'échappe en examinant, au fond de ma balance, un œuf de raie. Vous connaissez ces œufs, si drôles, pareils à l'animal qu'ils enfanteront — on dirait d'un sachet pomponné aux quatre coins — auxquels les pêcheurs attachent je ne sais quels privilèges.

L'un de nous qui va, sans peur, de l'eau jusqu'à la ceinture, dans les dépressions des rochers, pousse un cri. Il a *leré* un congre !...

— Énorme !... Venez, de quatre, cinq, six livres !

Le congre s'est glissé sous des roches. Nous en soulevons de quoi bâtir une maison, et... rien.

Il répète, suant, soufflant, s'acharnant aux rocs, le harpon dans les interstices :

— Je l'ai vu, vous dis-je, que diable !

Réverbéré par les rocs lisses et le sable, le soleil flambe. Je plante là le congre, malgré les invectives de mes amis, et, revenant à la falaise, à travers des roches coupantes, je la suis pour visiter les grottes.

Deux gendarmes sont là-bas, à l'extrémité, près de la pointe du Scall. Sans songer à rien, qu'au plaisir de fouler ce sable dans lequel mes pas chantent, je vais à eux. Un paquet est à leurs pieds, long, recouvert d'une toile. ...

Alors, tout d'un coup, je devine... le noyé d'hier !
C'est lui, en effet.

— Nous nous en doutions, me dit le brigadier que je salue, la mer rapporte ce qu'elle prend. Voulez vous le voir ? Il n'est presque pas changé.

— Dieu, non.

Mais, joignant le geste à l'invitation, il a soulevé la couverture.

Ce ne sont pas les cheveux collés aux tempes, ni les algues fixées au cou, telles des couleuvres vivantes, ni ces joues flasques et la plaie à cette jambe mordue par un squale peut être, qui me font frissonner, mais les yeux, ouverts tout grands, pleurant encore d'angoisse, remplis d'horreur, de l'angoisse de choses étranges, vues sous l'eau, de l'angoisse de tomber, vivant, le panier au bras, avec l'espérance d'une bonne recette, dans le gouffre, de l'instant terrible où l'homme, bien qu'*entaché* d'esprit, a dû se dire : La mer va m'emporter !...

Ces yeux, oui, et ces narines devenues, sous le coup de l'effroi, minces et transparentes...

Je regarde la mer brasillante, éblouissante, rarement plus lumineuse, et je me demande jusqu'à quel endroit de la plaine profonde le reflux l'a roulé ?...

— Il y a donc, dis-je aux gendarmes, au large, un endroit où le reflux s'arrête, où les épaves venant de terre se heurtent à des masses liquides, mais infranchissables, qui les retournent à la côte... Ou bien la mer, peut-être, nous rejette toutes les scories, plantes séchées, fleurs fanées, vieilles coques, vieux tonneaux et cadavres.

— Probablement, monsieur. Avez-vous des allumettes ?

La maréchaussée bourre sa pipe ; elle s'assied sur le sable tiède et attend la famille qu'on est allé prévenir. Le tuyau aux lèvres, aspirant avec délices, le gendarme dit :

— Sauf votre respect, mon brigadier, c'est le dix-septième que je veille, en ma carrière, de ces macchabées !...

....

La première grotte, et la plus remarquable, de cette falaise de plus en plus friable, à partir de la baie du Scall, tranquille et sûre, jusqu'à celle du Pavillon, à la pointe de Penchâteau, est celle des Korrigans. Presque régulière, profonde et vaste, elle a servi de refuge, en des temps troublés, à des malandrins de tout acabit protégés par la terreur superstitieuse qu'inspire son nom : Korrigan signifie esprit malin, sylphe, petit diable, lutin, etc...

Ces Korrigans, on vous le prouvera, courent la lande, portés par le vent, par la brise, par, même, tant ils sont légers, les rayons de la lune et les lueurs d'étoiles. Ils emmêlent les cheveux des filles... qui fautent, les crinières des chevaux pour jouer un tour au charretier brutal ; ils enlèvent le lait des vaches de la fermière qui triche... Plutôt taquins que méchants, ils sont les fauteurs d'une foule de méfaits.

On ne peut les repousser ni les bâtonner : ils sont invisibles, impalpables. Bâtonnez donc une ombre, un murmure

Tout breton, attardé à la foire, autour des *bottes*

de cidre et du *mi-camo* largement arrosé d'eau-de-
vie de pomme, a eu maille avec eux. Les lutins lui
ont tiré les cheveux, le nez, les oreilles ; par dou-
zaines, ils ont chevauché ses épaules, bourdonnant,
en leur langage :

— Porte-nous, bonhomme !

Et l'homme, je vous l'assure, de courir et d'ar-
penter les landes, à l'instar du lièvre de La Fontaine.

Une bonne vieille, justement, une vieille à histoires, ridée comme une pomme cuite, brûlée
comme ces tranches de buffle que les Apaches expo-
sent, des semaines durant, au soleil, ramassait par
là du goëmon.

Je vais à elle. Elle sourit. D'autres, combien,
l'ont questionnée. Elle m'attend pourtant à venir,
puis :

— Des histoires, sur cette grotte, notre monsieur,
si j'en sais ?... Oh ! oui, j'en sais, je les sais toutes...
et il y en a.

Elle compte sur ses doigts :

— Yves Marie qu'a disparu... Conan qu'a disparu puis qu'est revenu, après avoir vu et entendu... des choses... Le Gorrec qu'est pas revenu... et la Françoise au Hénaff... Ah ! la Françoise !

— Voyons, lui dis-je, ce qu'il advint à cette
Françoise Le Hénaff ?

— D'abord, notre monsieur, les Korrigans — il
n'y en a plus guère par ici, ils ont remonté vers le
raz de Sein — ne sont pas méchants autant qu'on a
bien voulu le dire... pour les femmes, surtout. Ils
m'ont poursuivie, moi qui vous parle, avant mon
mariage, quand j'étais fraîche comme une voile

neuve... Ils m'ont soufflé dans le cou, j'avais envie de rire... Leurs museaux pointus ne piquaient pas autant que la barbe de mon vieux... Dame, les hommes qui se mettent en retard, à la ville, qui *irent*, ils les ramènent bon train, et ils font bien ; si c'est Dieu possible de dépenser, en quelques heures, l'argent de plusieurs jours de pêche !

Si nous étions là-haut, je vous montrerais le moulin de Le Hénaff, l'emplacement de son moulin, car Le Hénaff n'a plus besoin de moudre... Il est mort, et ses petits-enfants sont riches, officiers dans la marine... ce n'est pas sa faute, par exemple.

L'histoire est vieille, je n'étais pas né. Ma mère, qui me l'a contée, n'était pas née non plus, ni sa mère, peut-être.

Le Hénaff alla à Guérande, à la foire de janvier, vendre sa farine. Il revenait, la bourse légère, bien qu'il eût treize enfants, monsieur, et le père grand, en tout, avec lui, quinze bouches ayant bonnes dents.

D'écus, non, il n'en rapportait guère, ni de sous, pas même de quoi payer un évangile à Notre-Dame-d'Auray. Après la vente, il avait mangé sa portion de lard à l'auberge du « Franc-Paludier » se disant : — je casse la croûte et je rentre ; les petits ont faim, faut pas s'amuser.

Mais un compère avait offert une bolée, Le Hénaff une autre, par politesse, et, de bolée en bolée, du cidre à l'eau-de-vie, la farine y avait passé. Quand il n'eut plus un sou et qu'il chanta de vilaines raisons, l'aubergiste le jucha sur son âne et, en route, mauvaise troupe.

La lune brillait sur le marais. Il gelait et la terre,

durcie, résonnait, clic, clac.. comme des fusils qui ratent.

Le froid d'abord le surprit, l'endormit, puis l'éveilla, il avait tant coutume de boire! Tout en piquant l'âne, il jurait:

— Tonnerre de nom de nom, que dira la Françoise, j' suis t'y rien du tout.

La Françoise, c'était sa fille aînée, qui courait sur ses vingt ans, grande, forte, pas commode, mais belle et sage, plus belle, des centaines de fois, que les saintes de l'église de Batz, qu'on se mettrait à genoux devant leurs yeux bons.

Il arrivait au château de Tintamarre, plus près de Saillé que de Guérande, là où le malin se montre souvent, demandant au monde à échanger des âmes contre de l'or. Il pensait toujours à la grande colère de Françoise, à la bousculade, quand elle lui dirait le lendemain :

— Donne de l'argent pour acheter des sabots aux petits, un fichu à moi, pour aller à la messe.

Dans sa tête, il imaginait des histoires.

Tout à coup, sorti du buisson, du marais ou du chemin, Le Hénaff ne le sut jamais, ni moi non plus, un monsieur lui barra la route. Il avait une houppelande pour cacher sa queue, le chapeau à deux pointes pour cacher ses cornes, et, surtout, la bouche si rouge que le meunier, de suite, reconnut le Diable.

— Eh! compère meunier, lui dit ce dernier, tu es bien embarrassé?

— De quoi... répondit Le Hénaff, essayant de pousser son âne.

Mais l'âne, les oreilles en cornets, les quatre pattes clouées au sol, refusa d'avancer.

— Hue, et hue donc !

Le Diable eut un rire pareil aux craquements d'une meule qui tournerait sur des cailloux.

— Espère, Le Hénaff, je connaissais ton père, un rude buveur, je te connais et ne te veux point de mal. Tu es dans l'embarras pour quelques pièces d'argent, et moi je ne sais que faire de l'or. Entendons-nous.

— C'est mon âme que vous voulez... Hue, Cadet !

— Ton âme !... Le Diable pensa : — Je l'aurai un jour ou l'autre, car tu mourras, sans confession, au coin de la saline. Puis, haut : — Tu n'en manques pas, d'âmes, chez toi. Donne-moi n'importe laquelle et cette bourse est à toi.

Il la jeta sur le chemin ; l'or brillait à travers les mailles. Le Hénaff, hésitant, se grattait la nuque. Le Diable jeta encore une bourse, puis une autre, je ne sais combien d'autres.

— Tu relèveras ton moulin qui s'écroule, tu achèteras des œillets à sel et des terres... Corric en crèvera de jalousie.

C'était vrai que son moulin croulait, que les murs bâillaient et que se lamentait la charpente, à chaque tour de la roue — ce dont se moquait Corric, un veuf avaricieux repoussé par Françoise.

Le Hénaff eut une idée ; il répondit :

— L'âme de Pierrette, ça vous va-t-il, monsieur le Diable ?

— Quel âge, cette Pierrette ?

— Trente ans, aux nouvelles sardines.

— Ça me va, fit Satan en se pourléchant à l'idée d'avaler une âme encore jeunette ; topo, meunier, j'irai la quérir avant minuit. C'est dimanche, demain, et, ce jour, je n'ai nul pouvoir.

Le meunier ramassa l'or, le fourra dans son sac et piqua si bien Cadet qu'en rien de temps il fut au moulin.

En cachant son or sous des sacs de grain, il riait dans sa barbe. Lui, Le Hénaff, il avait roulé le Malin. Qu'il vînt, et il lui servirait l'âme de Pierrette.. Le Diable arrivait, il avait suivi le meunier.

— Venez, fit ce dernier, monsieur le Diable.

Il le conduisit derrière sa maison — l'autre s'étonnait déjà — et, ouvrant la porte d'une étable adossée à la muraille, il dit, en montrant une vieille bourrique toute grise, pelée et galeuse :

— Voilà Pierrette, je...

Il ne put terminer, le Diable le saisit par les cheveux et lui tourna la figure sens devant derrière, en criant :

— Par mes cornes, tu demeureras ainsi, jusqu'à ce que j'aie l'âme de ta fille aînée, de ta belle Françoise, entends-tu ?

Et, soufflant bitume et soufre, tant que le moulin et le village en restèrent empestés plusieurs jours, il disparut, car le minuit approchait.

∗∗∗

Françoise, le lendemain, manda le vicaire de Batz qui cria, menaça, aspergea : Sors d'ici ou je monte à bord — *J' mundabor*, notre Recteur le chante encore à la messe — rien n'y fit. Le Hénaff ne pouvait travailler, la famille mourait de faim et Corric, en passant devant la Françoise, marmonnait :

— Dis un mot, et je t'envoie de la farine.

Le meunier se confessa, prit le Sacrement, toucha les os de saint Gwénolay, s'en fut en pèlerinoir... Sa tête ne se retournait pas ! La Françoise elle-même se mit en neuvaines, pria et jeûna... Rien, rien n'y faisait — et ce n'était pas étonnant.

Les démons, vous savez, ont droit à un certain nombre d'âmes, depuis leur grande bataille, quand la terre n'était pas séparée de l'eau, avec les Séraphins du bon Dieu, mais ils n'ont pas le choix, heureusement... ils prennent celles qu'ils peuvent attraper, tant par mille.

Le Hénaff s'était laissé pincer, il fallait qu'un autre se dévouât à sa place. Ce n'aurait pas été moi, pour sûr.

— Ni moi, hasardai-je, croyant presque à cette histoire, tant la ramasseuse de goëmon y mettait de feu.

Elle continua, après sourire à mon adresse de bonne chrétienne à bon chrétien :

— La misère devint si grande au moulin que Françoise, qui savait toute l'histoire par le vicaire et par des rêves échappés, la nuit, au meunier, craignant aussi de céder aux avances de Corric et d'être damnée pour un peu de farine, résolut de donner son âme. Le bon Dieu lui en tiendrait compte sûrement ; son père guérirait, se corrigerait, et les petits auraient du pain et des sabots.

Elle ne savait d'abord où se rendre... Le château de Tintamarre était bien loin ; puis elle songea à la grotte des Korrigans. Là, pour sûr, mieux qu'à nulle autre part, le Diable venait la nuit.

Certain soir, elle coucha les petiots, embrassa tout le monde et son père, et sortit.

— Elle a le cœur gros, les yeux mouillés, se dit Le Hénaff, revenu à de bons sentiments depuis sa punition ; où va t-elle ?

Tant bien que mal, il se leva et regarda par la porte. La nuit n'était pas très noire... Françoise allait vers les grèves, vers la grotte... Il devina.

Marchant à reculons, il essaya de la suivre, l'appela, mais Françoise pressait le pas, décidée au sacrifice. Elle avait bien peur, en descendant la falaise. Les Korrigans, en foule, vinrent à sa rencontre, et, chose étonnante, ils la conduisirent en lui bourdonnant des chansons.

Dès l'entrée de la grotte, elle cria :

— Messire le Diable, me voici. Prenez-moi à la place de mon père.

Les Korrigans chantaient toujours des choses de plus en plus douces, comme des airs de binious entendus de très loin. Elle ferma les yeux, sa tête sous sa tablette, et attendit.

Ah ! notre monsieur, lorsqu'elle les ouvrit ! La grotte était tout en lumières, en cierges, en chandelles, en mer qui brille... Des voûtes pendelaient des boucles d'oreilles, et des colliers, et des bijoux, et des choses travaillées sur l'or dont j'ignore les noms.

Tout au fond, les rochers s'ouvrirent, une belle grande Dame parut et appela :

— Françoise, mon enfant, puisque vous avez

résisté aux tentations du méchant Corric, puisque vous aimiez tant vos petits frères.. Venez.

Elle avança. La grotte s'ouvrait, se prolongeait en long couloir qui se refermait, à mesure, sur ses talons. Sa pauvre robe noire, plus mauvaise que la mienne, s'était changée, sans qu'elle s'en doutât, contre manteau bordé de dentelles et de pierres brillantes, une couronne de roses s'était posée sur ses cheveux blonds.

Elle marchait toujours, elle marcha longtemps, guidée par la Dame. Les Korrigans avaient disparu, pas tous, un seul chantait encore.

Tout à coup la Dame s'envola et Françoise se trouva dans une grande salle dont les murs étaient en argent, le plafond en or et les tapis de neige.

Elle se regardait dans les glaces, quand la muraille s'entr'ouvrit et un beau chevalier s'approcha, l'épée au côté, le casque à la main, en disant :

— Enfin, depuis si longtemps, je vous attendais!

Puis, parlant à quelqu'autre que Françoise ne vit pas, il reprit :

— Merci, ami, je te ferai dire trente messes.

Ce *quelqu'autre* était le chef des Korrigans. Les Korrigans, monsieur, ne le répétez pas, sont les âmes de pauvres diables parties de la terre sans viatique. Perdues entre ciel et terre, repoussées de partout, elles errent, flottent au gré des vents, jusqu'à ce qu'un vivant miséricordieux leur fasse dire trente messes..

— Vingt-neuf ne pourraient suffire? interrompis-je, devinant le reste de l'histoire.

— Non.

— Qui vous l'a dit?

— Le vicaire.

— Ah ! continuez.

— Aussi les Korrigans, de par les vivants miséricordieux, diminuent chaque jour. J'en ai sauvé un, moi qui vous parle.

— Avec trente messes ?

— Oui. Beaucoup, je vous l'ai dit, ont remonté vers le raz de Sein, en Lamballe et Notre-Dame-d'Auray, car, là-bas, les gens sont plus *dévotieux.*

— Revenons à Françoise, dis-je encore.

— Françoise s'était assise. Le beau chevalier se mit à genoux et lui murmura :

— Je vous aime, ma Reine, me voulez-vous pour époux?...

Reine, elle l'était, plus belle que les quatre demoiselles qui la déshabillèrent. Ils se marièrent le lendemain, en Trézalé. Elle fit venir ses frères et sœurs qui devinrent princes et princesses, officiers mariniers et chefs d'escadres.

— Que chose pareille arrive à mes petits enfants ; j'en ai quinze... termina-t-elle.

— Je vous le souhaite ; mais, et Le Hénaff ?

— Il descendit jusqu'à la grotte, à la recherche de sa fille, et ne revint point. Les Korrigans se seront dit : ivrogne tu es, ivrogne tu resteras, ventre à piquette, et ils l'auront entraîné dans la mer... Ou bien, acheva-t-elle à voix basse, ou bien le Diable, à défaut de l'autre, aura pris son âme, car, des âmes, il lui en faut... c'est mon idée...

— C'est aussi la mienne, opinai-je, en lui offrant une pièce blanche.

— Merci, monsieur. Si vous avez des amis, envoyez-les à la grotte. J'ai d'autres histoires dans mon sac.

— J'ai payé ce conte deux francs. Est-ce trop, mi lecteur ?

....
....

Laissant la femme au goëmon, j'ai suivi le bas de la falaise. On rencontre, à chaque centaine de mètres, d'autres grottes. L'oscillation du soleil sur les flots renvoie de curieux reflets dans celle de la Vierge. Toutes ces grottes, creusées par l'assaut des marées combiné avec l'eau pluviale, ont leur nom et leur histoire où les Esprits et les Korrigans jouent les grands premiers rôles. La plus pittoresque, après les Korrigans et la Vierge, est celle des Jumelles, ainsi désignée probablement parce qu'on y accède par deux couloirs. Même par cette marée reculante, les vagues, effet curieux d'acoustique, y produisent des halètements, le jusant y gronde avec le bruit lointain du tonnerre. Quand la mer, aux grandes eaux, débridée par le vent d'ouest, jette ici ses langues écumeuses, le spectacle est grandiose, terrifiant — la grotte hurle, secouée par mille soufflets de forge. Non loin se présentent la Cathédrale et le Sphinx, roches accroupies dans l'onde, puis la grotte des Jardins, la Scabreuse, la baie des Maures que garde le rocher des Corbeaux, couvert de mouettes pour l'instant, qu'un cri éparpille dans l'azur en flocons de neige.

Il est près de midi. Je gravis la falaise par des lacets à pic, et, tournant le dos à la mer, les yeux lassés par tant d'or qui ruisselle, je mets la proue sur la tour de Batz resplendissante, elle aussi, rajeunie par le soleil.

Comme la brise — l'air était lourd, à l'abri des rochers — souffle en maîtresse sur ces hauteurs, siffle dans les murailles, s'acharne aux herbes folles. Lorsque la nuit est tombée et que gronde la mer, de la baie des Maures à la Dilane, dans cette côte découpée, hérissée d'écueils, et que se lamente cette brise, il n'est pas étonnant que le pêcheur et le meunier, gens d'humeur taciturne et pensive, habitués à vivre presque seuls dans la tourelle ou la barque, croient entendre bourdonner à leurs oreilles la voix plaintive des Korrigans, pas étonnant non plus que s'emmêlent les cheveux des filles et les crinières des cavales.

Sous moi, bientôt, dans la dépression de la vallée où circulait sûrement la mer autrefois, quand Batz était une île étroite et rocheuse, s'étagent au flanc de la colline de nombreux et populeux villages, Kermoisan, Roffiat, Kervallet, Trégaté. — Les habitants en sont à la fois paludiers, sauniers et pêcheurs — le gros bourg de Saillé, dans le fond, à l'extrémité du *traict* du Croisic, le marais avec ses tentes blanches, innombrables, et, tout au loin, les ondulations guérandaises, la ville, sur le plus haut sommet, dans sa ceinture d'arbres.

A droite, la côte s'infléchit en arc tendu, la Baule au centre, Pornichet et le Pouliguen aux extrémités : trois stations balnéaires de plus en plus florissantes, reliées par des villas aux toits étincelants cachés dans la forêt verte.

..... La table est servie. On ramasse bel appétit sur la grève.

— Vous voilà, déserteur, et votre pantalon ?

J'ai perdu mon pantalon... antique. J'ai l'autre heureusement.

— Et ce congre ?

— Pendez-vous ! nous l'avons combattu et vous n'y étiez pas.

Il a fallu lui livrer, paraît-il, une véritable bataille. L'heureux « captureur » a la main ensanglantée.

— Qu'importe, se console-t-il, il pèse huit livres. A table !

XII

LES MUSÉES DE BATZ ET L'ÉGLISE.

Il faut voir, à Batz, — outre la côte, la chapelle du Mûrier et les marais salants, — il faut voir les deux musées et l'église paroissiale.

En bas de la rue de la mairie — la dernière maison à gauche, vers le Pouliguen, — est le musée de M. Lehuédé, cordonnier-naturaliste, ainsi qu'il se dénomme sur des cartes le représentant en tablier et souliers à boucles, le marteau retombant sur la semelle, avec ce quatrain sur le socle :

> En faisant ma chaussure
> J'étudie la nature
> Avec les goëlands,
> Je fais des écrans.

Et de jolis écrans, par ma foi, que nous verrons tout à l'heure, qu'il cède, pour un prix modique, aux touristes.

Ce quatrain est écrit aussi au frontispice de sa maison, une demeure coquette, enjolivée de quadrilatères et losanges en coquillages variés, d'oiseaux de mer aux ailes tendues pour de longs voyages. La maison a charmant aspect et le propriétaire est très aimable. Il a la modestie du savant, car cet ouvrier est un naturaliste remarquable. A lui seul, guidé par la prescience et des remarques, il a organisé un musée dont bien des villes seraient fières. Il ne s'agit pas de quelques échantillons réunis au hasard, mais, je le répète, d'un musée complet, étiqueté, classé, savamment rangé, comprenant toute la collection des animaux, végétaux et minéraux de l'Ouest. Coquilles, mollusques, annelés, oiseaux, batraciens, bryozoaires, algues marines, plantes terrestres et maritimes, mammifères, poissons et crustacés, j'en passe — il a rassemblé, en vingt ans, des échantillons de tous les règnes. C'est l'arche de Noé en bocaux, squelettes et vitrines.

Il faut l'entendre parler, exhiber son œuvre, l'expliquer. Les explications scientifiques — il étudie pour définir et classer ses trouvailles selon la science, — les mots techniques, en *us*, en *a*, en *um*, étonnent dans cette bouche d'ouvrier en tablier de cuir, qui fait un cours d'histoire naturelle en raccommodant les chaussures de ses concitoyens.

Son musée occupe au premier étage une grande salle rectangulaire. Les murailles disparaissent sous des vitrines et des casiers bondés de choses étranges, le plafond sous des oiseaux étranges aussi, souvent, empaillés... Des Dames à long bec y poursuivent des papillons, et des oiseaux aux yeux étincelants, on les dirait prêts à fondre, menacent des reptiles qui se tordent.

Comme ces plantes et ces animaux de mer, protozoaires et zoophytes, insectes, aux pattes multiples, sont curieux et bizarres!

Près d'une fenêtre est le squelette d'une vache, celui d'un squale, d'un boa. Près d'une autre sont alignés les outils de l'âge de la pierre, des haches, des couteaux, des armes celtiques ; quoi encore ? Mille plantes et pierres arrachées au lit de l'Océan par les dragues.

Stupéfait de la patience et des recherches nécessaires à la réunion de ces richesses, je descends au jardin ; M. Lehuédé, intarissable, explique toujours. Le jardin est une succursale du musée. Tous les minéraux du pays : granits de diverses couleurs, selon les sels évacués par le continent, quartz, mica, graphite, gypse, antimoine, par fragments, parfois de cinquante kilos, roulés à bras, apportés aux reins, forment ce que le naturaliste appelle un *tumulus marinus*, — qu'il faut visiter aussi, tant cette disparité de roches, artistement superposées, est curieuse.

En exergue d'un cadran solaire — et l'on sait la somme de connaissances nécessaires pour la mise au point de l'aiguille — M. Lehuédé, qui a la science infuse, la science d'observation, au moins, a écrit : « *Hora fugit et non revenitur.* »

A cette devise du travailleur, il a droit. En le quittant, j'émarge à son livre de visiteurs sur lequel il me permet de copier cette note d'un savant spécialiste :

« Lehuédé *Pierre-Marie*, né à Batz le 11 janvier 1849, marié le 20 janvier 1883, père de quatre enfants. Il exerce à Batz la profession de cordonnier dont les profits lui suffisent pour assurer à sa famille le vivre et le couvert. Quoique sans grande instruction, il a de grandes aptitudes pour les sciences. Il a créé un musée d'histoire naturelle qui excite l'étonnement et l'admiration de tous ses visiteurs, très nombreux, pendant la belle saison.

« Il a contribué à fonder divers musées scolaires.

« Il a établi, dans son jardin, une station météorologique où tous les gens du pays trouvent de très utiles renseignements.

« Ses recherches, dans les marais salants de la région, lui ont permis de faire des communications remarquées à l'Académie de médecine et au Muséum de Paris. Il a obtenu diverses récompenses, il est... conseiller municipal... »

Et j'ajoute : quand fleurira-t-on, du ruban violet, la boutonnière de cet excellent naturaliste, de ce courageux chercheur ?

En écrivant ces lignes, je me souviens d'une tombe, dans le jardin Lehuédé, entourée de coquillages et de polypes, avec cette inscription :

Cy-git
Remy
Caniche blanc
(1888)

Visitez cette tombe, lectrices, à l'ombre d'un saule éploré.

*_**

A l'autre extrémité de la rue, sur la place de l'Église, se trouve le musée des « Antiques » fondé par Mademoiselle Adèle Pichon.

Ici, tout est antique — vous me pardonnerez,

aimable Demoiselle, — même l'inscription extérieure, que le Directeur de l'École des Chartes lui-même, des messieurs qui se retournent dans les écritures cunéiformes et assyriennes, n'ont jamais su déchiffrer.

La voici, dans sa simplicité troublante et son air mystérieux :

*E chti rol me
Straol michtre brass...*

Ce *chti*, ce *straol*, ce *michtre*, ce *brass* final, surtout, suivi de points, me rendent rêveur.

Dès l'entrée, je demande l'explication de ces deux lignes à mademoiselle Adèle.

Elle lève le doigt, enfonce ses bésicles, secoue la tête d'où s'envolent des mèches sel et poivre — plutôt sel — et, à voix basse :

— Ah ! monsieur... cette inscription... tous les baigneurs s'y arrêtent... Elle est d'une langue vieille comme le monde... Les plus savants y échouent... moi seule, en Bretagne, pourrais dire... Entrez donc.

On marche sur des tapis. Des rideaux rouges et des stores, aux fenêtres, tamisent le jour. C'est la mystérieuse lumière des transepts de temples.

— Vous allez voir, continue mademoiselle Adèle, cicérone accompli, des choses anciennes, disparues. Le passé va défiler devant vous, les meubles, l'habillement, les coutumes... et les chants...

Et le passé, ressuscité par sa parole sourde, défile, en effet. La première salle est réservée aux bahuts, coffres, armoires, tables, vaisselle, lits antiques. Des lits si hauts qu'il fallait une échelle ou plusieurs sièges superposés pour les escalader.

Une idée gaie me taquine et Mademoiselle, tout de même, en perd son sérieux de Sybille :

— Dites, quand on est juché là-haut, impossible d'éternuer sans se bossuer le crâne contre le plafond ?

— Je ne sais, sourit-elle.

— On n'éternuait pas, probablement, en ce temps, le Passé ne s'enrhumait pas.

— Examinez ces étoffes tissées à la main par nos aïeux, reprend-elle, ces portes travaillées au couteau, ces torsades...

Sur une console sont rangées des statuettes en bois, en terre, en gypse, toutes antiques ; une sainte Anne, unique peut-être, dans une situation... intéressante.

Dans la seconde salle, toujours ombrée de reflets rouges, sont installés des mannequins de grandeur naturelle : les gens de Batz et de Saillé, de la presqu'île guérandaise, en costumes de gala : les femmes en tempenettes et guimpes, jupes à quadruple étage, ourlées d'or, aux écossaises couleurs ; puis les hommes, culottes nouées aux genoux par des flots de ruban, le chapeau à cornes gaillardement relevé, en pèlerine espagnole ; des paludiers à la veste flottante, mollets découverts, gilets étagés, ceintures de toréadors.

Certes, il a fallu bien des soins, des goûts d'artiste, l'amour du Passé — et du temps, pour cette reconstitution intéressante, si l'on songe que la vieille demoiselle a coupé, taillé, cousu, de ses seules mains, tous ces habillements d'opéra.

Cette chambre, à dessein, savamment assombric, noyée dans des reflets de pourpre, aux carreaux rouges, avec ces personnages à visages énigmatiques de cire, habillés pour une noce... qui ne vient jamais, donnent la sensation, nette, vraiment troublante, d'un sépulchre dans lequel, un à un, seraient venus se ranger morts à tous les âges, tels de la vie, les membres d'une nombreuse famille, à travers les siècles...

Toutes ces têtes sont artistement façonnées, vivantes : l'épouseux de Saillé sourit à la mariée rougissante, et ce jeune paludier, la main noyée dans de fines dentelles, sur l'épaule de sa paludière, n'attend que le ronflement du biniou de ce vieux à face fleurie pour lever la jambe et *farandoler*.

..... Nous revenons dans la première chambre, et mademoiselle Pichon exhibe sa librairie.

Elle a collectionné, mis en ordre, sous la forme de deux charmants opuscules dont les couvertures représentent la chapelle du Mûrier et la Tour, les chants du pays et les Noëls anciens.. chansons à marcher, à louvoyer, à baller. — Baller, explique-t-elle, ce n'est pas danser, c'est évoluer en ronde.

Je feuillette le livret des chansons locales. La première, en trois temps bien rythmés, est dédiée à la belle Françoise :

 C'est la belle Françoise, longué,
 C'est la belle Françoise
 De Saint-Martin-de-Ré.
 Ma luron, luron, luron, tirelire,
  Ma luron, dondé...

Treize couplets, avec ces *ma luron* pour nous

apprendre le chagrin de Françoise délaissée par son... matelot.

La Paludière :

> Préparez-vous, jeunes fillettes,
> Voici l'arrivée du printemps,
> On voit déjà, depuis longtemps,
> Porter les boutres, les boyettes.
> ....
> Que le beau temps vienne maintenant,
> Vous pourrez cueillir le sel blanc.
> ....

La Bretagne est de France aujourd'hui ; en d'autres temps, elle était... la Bretagne, tout simplement. Témoin, ce couplet :

> C'est un jeune paludier, léridé,
> Qu'a eu la préférence.....

Vous devinez de qui ?

> Il lui fit des souliers, léridé,
> En maroquin de FRANCE.

Et ce refrain, pour tromper l'ennui des veilles, aux quarts de nuits, sur *l'État*, de Jean-Marie et d'Yves :

> Leridon, leridon,
> Léridé.
> Le ridon, fa, leridon, leridon,
> Fa leridaine!.. etc...

Il n'en finit plus, ce refrain, et le frérot nouvellement embarqué, bâille le bec.

Voici la chanson du mariage, *vingt-six* couplets de six vers, conversation entre les époux et la Demoiselle d'honneur.

Oyez ces conseils... parfois suggestifs :

..... Connaissez-vous aussi
Tous les droits du mari !

... .

Avez-vous bien compris
Tout ce qu'a dit le prêtre ?

Muette, la chanson, sur le maire, sur l'article VI, titre V, du Code civil. C'est l'Église qui marie.
Joli le couplet ci-dessous, s'il était... exact.

Vous voilà donc liée,
Très belle marié-e;
Ce n'est pas pour un jour
Mais pour l'Éternité-e,
Avec un lien d'or (hum !)
Qui dure jusqu'à la mort. (Hélas !)

Chacun à cette chanson naïve, plus naïve que celle du Berry en la même occurrence, ou du Bourbonnais, voire de l'Auvergne, a fourni sa pierre. La note religieuse revient toujours.

Instruisez vos enfants, selon la bonne parole, car :

Un jour devant Dieu
Vous répondrez pour eux.

....

Pour un époux chrétien
Que grave est ce lien !

Ce conseil au mari :

De son amour pour Dieu
Respectez la sagesse.

Cette invitation à l'épouse qui voile son regard sous de longs cils :

Placez-le donc au rang
De vos plus beaux domaines,
Car c'est du même sang
Qui coule dans vos veines.
Comment briser jamais
Des nœuds aussi parfaits !..

Elle n'aura que faire, cette mariée si bien conseillée, admonestée même, de la loi Naquet. Tant mieux, donc !

— Goûtez-moi ça — et comparez, me disent, sous les lunettes, les yeux, vifs encore, intelligents, certes, de mademoiselle Adèle.

Charmé par ces *branles* à large musique, qu'on aime à entendre mourir sur l'onde, je passe à l'opuscule des Noëls. Ils sont plus naïfs encore, partant plus jolis. Le clergé de la *Ville*, les chantres, les pêcheurs, les seigneurs défilent devant le Berceau.

Monsieur Larquehotière.

(Un joli nom de hobereau, pour un roman de cape et d'épée. Ce Larquehotière devait mettre, bellement, flamberge au vent.)

> Monsieur Larquehotière
> Quitte manoirs royaux
> Et prend une litière
> Pour aller au berceau.

Guervel y vient aussi, quoique malade, Gatton, Boudic, l'aîné, qui apporte, — l'avare ! — sa... soumission ! Pêchar — Vive Pêchar ! — offre des dindons.

Les nefs de l'église retentissaient drôlement, quand les voix nasillardes des marguilliers chantaient, en allegro s'il vous plaît, le Noël suivant :

> Quand Dieu naquit à Noël
> Dedans la Judé-e.
> On vit ce jour solennel
> De joie inondé-e.

Il n'était petit ni grand
Qui n'apportât son *présent*
Et n'o, n'o, n'o, n'o,
Et n'offrit, frit, frit,
Et no, no, et frit, frit,
Et n'offrit sans, sans
Et n'offrit sans cesse
Toute sa ri, ri
Toute sa richesse.

Ouf !! les bègues devenaient éloquents.
Pour la la la la
Pour la sain, sain, sain,
Pour la la, pour la sain,
Pour la sainte Vierge
Et Joseph con, con,
Et Jo, Jo, et Joseph concierge.

Vous attendiez-vous à cet emploi ? Oh ! la naïveté ! Oh ! la rime !!
Tournons la page :

Voici le temps heureux.
Gabriel bien instruit (!!)
Justement à minuit
Dans sa chambrette entra.....

Mademoiselle Couesdon pourrait peut-être, sous toute gaze, nous révéler la suite... nous savons la fin !

J'abrège, mais elle est si... curieuse, celle-ci, sous ce titre :

Qu'Adam fut un pauvre homme.
Mais s'étant aperçue (Eve)
Que sage n'était pas,
Se voyant toute nue
Après ce bon repas (!)

> Honteuse, tremblante, piteuse, dolente
>   Elle court au figuier
>   Et ramassant des feuilles,
> Tâche de les plier
> Pour faire... un tablier.

Les feuilles retombaient, soulevées par la brise, quand Dieu survint. Tableau !

Adam :

Tout triste, tout pâle, qui tremble tout sale, s'était caché sous la verdure. Ève était aux écoutes.

Notre premier Père, l'ingrat, rejette la faute sur sa femme, mais Ève, sous bois, réplique :

> Ce n'est pas moi, c'est le serpent.

Ève ou le serpent, peu importe. En attendant, depuis la malencontreuse pomme, c'est :

> Par toute la terre
> La peste ou la guerre,
> Infortune toujours.

Tant de maux pour une pomme, verte, peut-être — et sauvage — Adam ne devant pas être un fameux greffeur.

Autre Noël local, en un couplet :

> Laissez paître vos bêtes
> Les filles, les femmes de Penchâtiau,
> Laissez paître vos bêtes
> Et venez chanter Niau.

....

Honni soit qui mal y pense. Je relaterai le dernier, d'un bout à l'autre. Me pardonneront ceux qui lisent Brillat-Savarin, à cause des parfums de victuailles.

Noël Tertout !

Lors des pasteurs une grande assemblée
Part de Guérande, ville renommée ;
   Ils sont munis et bien garnis,
    De jambons et saucisses :
D'oreilles, de pieds de pourceaux,
Nul d'eux ne fait le chiche.

Ceux du Croisic, avec grande allégresse,
Aussi de Batz, n'engendrent point paresse,
   Portant poissons, de beaux saumons,
    De la morue parée,
Et du bon vin de Pornichet
Pour traiter l'Accouchée.

Yvon Pichon, le fournier de la ville,
Fit un tourteau de pâte bien habile ;
   Il mit dedans de bon froment,
    Du beurre et des épices,
Et devant tous fit son présent
Qui fut trouvé propice.

Thomas Colars, aussi Pierre Lecorre,
Riant si fort, ne pouvaient le bec clore
   De voir Robin, par le chemin,
    Le bonnet sur l'oreille,
Qui mettait bien souvent le nez
    Au trou de la bouteille.

Ceux de Congor, aussi de la Turballe,
De Queniquen, apportaient trois pintades,
   Un grand héron, un perruchon,
    Une blanche cornette
Que le bonhomme Bellanger
    Donne à la Mariette.

De Saint-André, joyeuse compagnie
Arriva là, de vivres bien garnie,
   Comme perdrix, pigeons farcis
   Et couples de bécasses,
Que le vieux père Jean Denis
   Distribue avec grâces.

Ceux de Saint-Molf apportent pommes, poires,
Ceux de Mesquer, des huîtres pour mieux boire,
   Disant : Dansons et rigolons,
   Menons joyeuse vie
Dont le Petit Mignon riait
   Au giron de Marie.

Ceux d'Herbignac et ceux de Saint-Nazaire,
Ceux d'Assérac, Pont-d'Arme, aussi Bouzaire,
   Frais canetons, bons gros chapons,
   Pour les mettre à la broche.
Ceux de Camoys, de Penestin,
   Poulets à pleine poche.

De Saint-Lyphard, de toute la Brière
Ils accourent chargés de gros lièvres.
   Ceux de Pompas, de lard gras,
   De choux et de poirée
Tassés au fond de leurs bissacs,
   Pour faire la potée.

Tous les bouchers avecque les bouchères
Viennent en foule en faisant bonne chère,
   Portant mouton, bœuf de saison,
   Bonnes grasses génisses,
Sans avoir, comme de raison,
   Oublié les épices.

De Piriac, il n'y avait personne,
De Trescalan, rien qu'un petit bonhomme.
   C'est Jean-le-Beau, le gros finaud,
   Denise sa compagne,
Tous les deux portant un baril
   Rempli de vin d'Espagne.

Ceux d'Escoublac n'ayant pas de quoi frire,
Arrivés là, se mettent tous à rire.
    Joseph leur dit : Sortez d'ici
    Vous n'êtes que canaille !!
Allez aux landes de Bissaint
    Cacher dans la broussaille.

Passent alors trois sergents de la Roche,
Joseph les voit et leur ferme la porte,
    En leur disant : Allez, brigands !
    De vous n'avons que faire !
Dont ils furent bien courroucés :
    Jean, Mabon et Allaire.

Ceux de Careil portent gros sel en poche,
Ceux de Saillé du menu sans reproche.
    Sitôt parus : « Les bien venus,
    Soyez tous, » dit Marie.
Et Joseph leur fit boire un coup
    De vin de Canarie.

. . . .

Étaient « mal venus » ceux qui n'apportaient rien : les gars d'Escoublac et les trois sergents, des farceurs, de la Roche-sur-Yon. Ce temps, si passé soit-il, ne différenciait guère du nôtre.

— Ah! monsieur, me dit mademoiselle Adèle, cependant que je tourne les pages, m'essayant à la mesure, notre presqu'île, Batz, il y a quarante ans ! Le Pardon avec les paludiers vêtus de nos costumes, coiffés de mes chapeaux, les paludières, en béguines et tempenettes, affutiaux d'or, ceintures flottant à la danse ! A la procession, c'était, partout, du rouge, du bleu, du blanc, de l'or. Ah! perdu, avec le reste, tout cela. Les étrangers nous ont apporté de l'or, qu'est-ce ? Et nos saintes coutumes? Les veuves ne se remariaient jamais : — Peut-on convoler quand l'homme est mort à la mer, mort ou échoué dans les îles? — elles ne sortaient jamais, monsieur, sans cette pèlerine... qui leur enveloppait les épaules et la tête jusqu'aux yeux. Elles marchaient courbées, comme cela, sans regarder... elles ne regardaient plus que la terre... et l'autel, à la messe, au moment de l'Élévation... Vous prenez mes livres... oui, n'est-ce pas ? Envoyez-moi du monde.

Son dernier mot me poursuit : — Tout s'en va...

A-t-elle raison, mademoiselle Adèle ? Me voici dans la rue où circulent, en bicyclettes, les baigneuses en costumes *chic*, des dames à la dernière mode — imitées par Yvonne-Marie et Marie-Louise qui, bientôt, peut-être, abandonneront la tempenette et le béguin, le corsage arrondi moulant si bien leurs poitrines robustes, et le jabot de velours cramoisi sur lequel se balance, comme au cou d'un chanoine, la lourde croix d'or.

Je relis l'inscription fatidique : *chti... straol brass* ... Est-ce de l'hébreu, du sanscrit, une phrase de Confucius ? du Saxon, peut-être, les derniers mots d'une langue disparue ?

Je gravis les degrés de l'église... Un antiquaire est là, qui rôde, infatigable chercheur, carnet à la main, crayon à l'oreille, en lunettes et redingote antique, habit et outillage de l'emploi.

Que j'en ai croisé, sur ma route, d'El-Djem à Batz, en Bretagne surtout, de ces hommes qui vous demandent :

— Avez-vous vu Carnac ?

— Je me suis couché, un soir, au milieu des menhirs... La lune...

— Avez-vous remarqué le troisième, à gauche... la fente, au milieu ?

— Ma foi, non.

— Et le treizième, du même côté, l'inclinaison ?

— Ah !

— Combien de pierres, voyons ?... Savez-vous seulement ce que c'est qu'un cromlech ?

— Hum !...

— Mais vous n'avez rien vu.

Le monsieur tourne le dos et fvous héritez d'une boule noire... dans son esprit.

Lui vous décrira avec minutie chaque angle, chaque chapiteau, toutes les nervures, toutes les volutes; il mettra des noms et des dates sur chaque pierre des Xme, XIme et XIImes, sur tous les linteaux et encorbellements.

L'ouvrier ressusciterait pour lui dire :

— Vous vous trompez, monsieur l'antiquaire, je terminai cette chimère le 14 août, au soir, veille de l'Assomption, en l'année 1620 — que l'antiquaire, doucement entêté, répondrait :

— Vous faites erreur vous-même, mon ami. Vous façonnâtes cette pièce, bellement, par ma foi, en l'an 1200...

Et, touché de ce compliment, troublé par les lunettes, l'ouvrier se gratterait la nuque, si nuque se grattent les *ressuscitables*, et finirait par en convenir.

Mon Dieu, en compilant les travaux, nombreux déjà, de M. Léon Maître, l'archiviste enthousiaste de Nantes, qui a parcouru cette contrée avec l'ardeur d'un amant, je pourrais, aussi moi, tard venu démarquant les travaux des autres, plus mal que bien, m'extasier sur la pureté des ogives, la hardiesse des cintres, la grâce vieillotte des peintures, les icônes gardiennes des portes, les pendantifs ornementés d'animaux bizarres dus à la vagabonde imagination de l'artiste: le porc jouant du biniou, la truie qui file, le pharisien que se disputent les péchés capitaux sous la forme de sept monstres... Je parlerais de l'enfeu des Ker-Bouchard, seigneurs d'icelieu, qui passèrent de vie à trépas, événement extraordinaire, bien que l'un d'eux fût, de son vivant, grand amiral de Bretagne, un autre parfait chroniqueur; de l'enfeu des prieurs de Batz, doctes et respectables personnages qui, je n'en ai jamais douté, étendent encore, du haut du ciel, leurs mains blanches, dans de larges manches, sur la population.

Mais — en gravissant les degrés, côte à côte avec l'antiquaire à la démarche grave, si grave qu'on croirait qu'il a découvert cette église, que nul autre ne l'a visitée, qu'il va se revêtir, la porte tournée, d'une chasuble, pontifier et bénir, ou, tout au moins, ajouter une maîtresse page à celles déjà longues sur cette presqu'île, je pense à tout autre chose qu'aux clefs de voûtes, aux sculptures du chœur, aux broderies du chancel qui, selon Bœdeker, séparait les moines du peuple — du *vulgum pecus* dont je suis.

Des souvenirs me reviennent, rapides, en quelques secondes, le temps de compter la douzaine des marches du parvis — et je pense aux églises et aux églises, aux clochetons et aux clochers entrevus par la portière depuis Ancenis, depuis Nantes, tout le long du Sillon, à droite, à gauche, quand s'ouvraient le rideau des frondaisons de la Basse-Loire, aux flèches superbes, toutes à jour, en granit apporté de lointaines carrières, rayonnant sur le pays en somme pauvre, la plaine grise, les champs de sarrazin. — Je pense aux maisonnettes de la Brière, pauvrettes aussi, vêtues du manteau troué de la misère, aux femmes fagotées dans des corsages de droguet, à la rude chemise, aux hommes en vestes étriquées, à toute cette pauvreté qui flottait dans l'air, et, cédant le pas à l'antiquaire, je m'arrête devant la Vierge du portail et je lui adresse cette oraison :

« O Vierge, toi que les mortels invoquent sous
« des centaines de noms ! *Stella maris* pour le ma-
« rin perdu dans les brumes, *Fons voluptatis* pour
« les âmes aigries par les affections décevantes de
« la terre, *Turris eburnea* pour ceux qui ont vingt
« mille livres de rente — et, surtout, ton titre le plus
« beau, l'unique, à mes yeux, *Consolatrix afflicto-*
« *rum*, Consolatrice des affligés, as-tu vu, comme
« moi, désertant ton socle les jours de soleil et les
« nuits de lune, les femmes de Saint-Lyphard, de
« la Brière et d'Escoublac filant la laine, à la queue
« de quelques moutons pelés, le jour, auprès d'un
« feu qui ne veut pas brûler, et pour cause, la nuit,
« le paysan s'acharnant à tirer d'un champ de quel-
« ques arpents le blé noir qui s'obstine à ne pas
« pousser, le pêcheur se confiant à quatre planches
« pour rapporter, bonne journée mauvaise journée,
« quelques livres de sardines, le paludier, jambes

« nues, dans le marais .. as-tu vu ces cabanes
« aussi pauvres que les *guettouns* arabes ? Si... oui,
« Bonne Vierge, ne rougis-tu pas un brin — ainsi
« qu'un seigneur qui possède parc à faisans et à
« chevreuils, quand le plus pauvre de ses paysans
« lui apporte un lièvre — en constatant, ici, tant
« de misères encore, là, dans les temples, si grande
« opulence ?...

J'ai regardé la statuette dans les yeux, et ses yeux fuyaient, et ses joues, en vérité, pour parler comme l'évangéliste, ont rougi sous la couche d'enluminure.

J'ouvre la porte, content de ma prière, content de la tristesse de la Vierge à l'enfant. Au milieu de la nef centrale, je songe aux cantiques de Noël réunis par mademoiselle Adèle — tous ces dons s'acheminant du Croisic à la Baule et du Pouliguen à Guérande — et, ensuite, aux versets de l'évangile selon saint Jean, au sermon sur la montagne, à la vie du Christ, actes et paroles d'humilité, de renoncement et de pauvreté.

O Tintorix, j'avais tort, l'autre nuit ! Tu peux revenir sur ce sol, rien n'est modifié. Tu revis sous d'autres noms : les espèces sonnantes ont remplacé le taureau blanc. Tu pourrais t'établir encore avec tes druides, tes bardes, tes ovates, toute la lyre du rite, sous les pins d'Escoublac, sacrifier sur les rochers de la pointe, et, de toutes parts, accourraient les femmes, et combien d'hommes, avec chevreaux bêlant, colombes roucoulant, génisses vagissant; avec le plus lourd morceau de lard, la laine filée durant l'hiver entre des doigts roidis, et, qui sait, le dernier écu...

Il ne songe pas à ces choses, c'est probable, l'antiquaire qui prend des notes, dessine, maintenant, des voussures, braque sa loupe sur les ciselures des trumeaux... Voit-il, même, combien savamment, en cette enceinte, sont combinés les effets d'ombre et de lumière ?

Ici, tout frappe l'imagination, la mienne, prévenue : l'ombre des bas-côtés rendue plus profonde par les lueurs qui s'échappent des ogives flamboyantes, la déviation du chœur incliné comme la tête du Christ sur la croix, la profusion de religieux symboles, la sonorité du lieu, les statues que la demi-obscurité anime et rapproche, les saints de toutes parts penchés sur vous, vous scrutant de leurs vitraux... l'autel, dans le lointain, dans un jeu de lumières sous lequel doivent resplendir les ornements et les traits du Sacrificateur, saint Gwenolé, sa crosse d'or à la main, saint Paul avec le glaive, et d'autres saints, rangés en ligne, tour à tour souriants, graves, menaçants, paternels ou sévères.

Cette église de Batz, avec ses trois nefs, sa mystérieuse lumière, est bien le type des églises de Bretagne qui ne ressemblent pas, ou si peu, à celles des autres provinces de la France.

Deux femmes sont agenouillées dans la chapelle de Notre-Dame-de-Bonne-Nouvelle ; courbées sur les articles, si bas, on ne voit d'elles que leurs casaques noires enserrant des tailles amincies.

Que demandent-elles à la Vierge, ces femmes ?

Auprès d'elles, la muraille est recouverte d'ex-voto, de plaques de marbre avec des remerciements gravés en or :

A Notre-Dame qui a sauvé mon fils, mon mari...

A Notre-Dame qui ramena au port la « Marie-Jeanne » désemparée.

A Notre-Dame pour de secrètes espérances...

L'une des femmes est jeune. Je le reconnais à sa taille que les années n'ont pas bombée encore. Elle est vêtue de noir, comme l'autre, sans, toutefois, la mante de deuil.

Je me suis retourné pour examiner un tableau qui représente une scène de l'Ancien Testament, et un hoquet, soudain, a coupé le silence, retentissant sous les voûtes sonores, jusqu'à l'abside... La jeune femme s'est affaissée, son front est au ras du sol...

A ses tressaillements, à d'autres sanglots étouffés sous le mouchoir, j'ai compris qu'elle faisait de vains efforts pour calmer des pleurs, et je suis sorti, mais je suis resté sur la place, près de la porte, ayant l'air très occupé à compter les gargouilles.

Puis, las d'attendre, j'entrai au bureau de tabac, en face, acheter un cigare.

Comme j'étais accoudé sur le comptoir, guettant la porte de l'église, tout en bavardant avec la marchande, la jeune femme passa.

— La veuve d'un marin? demandai-je négligemment.

— Veuve... on ne sait, monsieur.

— Comment, on ne sait?

— Voici... Asseyez-vous donc... La Marinette s'est mariée jeune. Ça n'a pas seize ans et ça pense déjà au mariage. Ce gars de Lemark, son amoureux, avait dix-huit ans tout juste; trente-quatre ans à eux deux, et, assurément, plus d'années que d'écus. Quand il a été *pressé* pour la marine, on a essayé de le retirer, mais les marins de Batz sont trop renommés, l'Etat n'en laisse jamais ni de chez nous, ni du Croisic... Alors, il est parti. Ils avaient déjà un petit, les enfants poussent comme l'œillet dans les sables, chez nous, un autre est venu quelques mois après son départ. Lemark écrivait de Lorient, de Brest, envoyait sa solde, puis il a appareillé pour les Iles. Son congé finissait là-bas, il s'est rengagé sur un voilier de commerce et... plus rien.

Marinette est allée au grand bureau de Saint-Nazaire, pas de nouvelles du voilier.

Elle pleure, quasiment veuve.

Je lui ai dit : Il n'y a que le bon Dieu qui peut te tirer de là ; il faut aller à Auray, à pied, pour mériter toutes les indulgences.

— Et ?

— Elle ne sait rien pour le moment ; elle n'en est qu'à son deuxième pèlerinage ; au troisième, sûrement, elle aura des nouvelles, en bien ou en mal.

— Comment lui parviendront-elles, ces nouvelles ?

— Par la poste, *ma doué !*

La marchande secoua la tête, d'où s'envolèrent quelques mèches blanches, et, d'une voix grave, semblable, en tout, à une prophétesse :

— Voyez-vous, monsieur, les nouvelles seront mauvaises, les mariages entre personnes si jeunes ne sont pas agréables à Dieu.

— Vous croyez ?

Elle frappa sur un gros livre lustré par les doigts de plusieurs générations.

— C'est écrit, affirma-t-elle.

Je feuilletai le livre; c'était le psautier du roi David... en latin.

— Tous les yeux ne savent pas lire là-dedans, me dit-elle.

— En effet, répondis-je.

..... En descendant à la grève, devant la chapelle du Mûrier, j'ai retrouvé l'antiquaire bâillant aux arceaux gothiques.

J'osai regarder son album par dessus son épaule, puis, comme il se retournait, le saluer militairement.

— Vous avez visité l'église, me dit-il, à brûle-pourpoint, c'est admirable, n'est-ce pas, ad mi-ra-ble !

— Admirable, répétai-je, en effet, l'agencement...

— Mais il m'interrompit pour étaler son fonds :

— L'ensemble a été remanié, mais les détails... Tel pendentif, voyez-vous, représente des trésors d'art... d'une étonnante exécution. J'ai trouvé des coins inédits dont les autres jauniront .. Avez-vous vu à la loupe la troisième travée ?... Non... Je m'en doutais... Il n'est pas trop tard, venez...

— Merci, je préfère assister au coucher du soleil.

— Je pars demain; vous perdez une occasion unique et le soleil se couche tous les jours.

J'étais déjà loin, j'entendis l'antiquaire murmurer : Philistin.

Je me suis renseigné et j'ai voulu voir aussi, parmi les maisonnettes du faubourg, celle où demeure la Marinette à Lemark.

La Marinette était accoudée sur le mur de granit et regardait, au loin...: la mer !

XIII

LE CROISIC.

Nous devions pêcher aux « Evens » et à la « Roche percée, » des récifs que découvre le reflux, entre la Baule et Noirmoutiers, puis l'idée à « sauté » sur l'avis d'un capitaine qui possède une barque joliment gréée et veut bien nous conduire au *Four.*

Au *Four !* — nous nous extasions — à six kilomètres en mer, sous le vent de la pointe, vers l'Amérique — au pied du phare.

Voilà une belle proposition, d'autant que demain est jour d'extrême reflux. Nous aurons, au Four, des kilomètres à explorer, des roches presque vierges, un fond découvert trois fois l'an.

— Bigre, s'exclament mes compagnons, en préparant paniers et filets, en redressant, tels des pourchasseurs de baleines, les pointes des harpons à congres et à homards.

Six kilomètres en mer, à l'ouest, comme Christophe-Colomb, des îlots à découvrir, des rochers où peu de mortels ont mis le pied ! — Je me frotte les mains d'enthousiasme.

— ... Seulement, ajouté l'excellent capitaine qui est venu lui-même nous offrir son bateau, seulement, il nous faut, pour embarquer, l'autorisation du commissaire de la Marine...

— Qui tient commissariat ?

— Au Croisic.

— Nous l'aurons.

Par acclamation, à l'unanimité, où me délègue pour aller trouver le commissaire — et je suis déjà sur l'impériale de l'omnibus qui, d'heure en heure, à la saison d'été, fait le service entre Batz et le Croisic, qu'on me crie encore :

— Vous savez, il est difficile, le commissaire, entortillez-le !

— Parbleu...

— Si... mauvaises nouvelles, ne revenez plus.

Et nous partons, au galop, au son de la trompe, dans des tintinnabulations de sonnailles et des claquements de fouets : diligence antique sur les routes poudreuses du passé.

Par delà les herbes frissonnantes des dunes, les échancrures du rivage, la mer fuit et reparaît, éblouissante ; les vagues, dans des virements de flammes, se cavalent vers le rivage, s'épandent en pluie argentée.

Dans les dunes, ainsi qu'à Villez-Martin et à La Baule, des routes et des rues sont jalonnées, des parcs esquissés attendant bon preneur — et les preneurs viendront, appelés par le site, l'air salin, retenus par l'appétit et la santé, et d'autres villas se joindront à celles déjà construites sur le sable fragile, pareilles, de loin, avec leurs tourelles et terrasses, aux castillons élégants de Touraine. Batz et Le Croisic, cités longtemps rivales, au moyen-âge, se donneront la main et cette route sur laquelle nous courons en sera la grande artère, la rue, si vous voulez, du vingtième siècle.

À droite, le train file au milieu des marais, guetté par des paludiers appuyés sur le long râteau, le large chapeau sur la nuque.

Les femmes circulent, d'œillet en œillet, sur les levées étroites, la jupe retroussée au-dessus du genou, la jède sur la tête.

Voyez, — disait la chanson de la Paludière :

> Voyez, Jeannette et Christinotte
> Vont, bientôt, changer de métier...
> Faudra qu'elles passent l'étier
> Dedans la mer qu'est déjà haute.
> Les ponts sont loin... elles ne passeront point
> Dites-vous, sans prendre de bottes...
> Mais, voyez donc, Christine et Jeanneton,
> Dedans l'eau sont de... vrais poissons.

Dur, pourtant, le métier ! Tous ces cônes de sel qui couvrent, à perte de vue, la vallée immense, ont été rapportés des salines par les femmes, à tant l'œillet, plus le sel blanc qui remonte à la surface en gelée de mars.

Entre les œillets à sel, sur les pentes des vasières, sur les talus glissants, elles vont, les paludières, la jupe haute, toutes robustes — et belles. Le soleil et les embruns ont cuivré leurs mollets et leurs bras nus, leurs fronts aussi : telles quelles, elles pourraient poser pour des statues de bronze.

D'un geste large, elles rejettent la jède sur le tas et repartent en chantonnant — d'un pied léger, dirait Homère — cependant que le grand râteau ramène le sel de l'eau rougeâtre.

Par des étiers, la mer, à chaque marée, au gré de l'homme, emplit les vasières. De ces vasières, grandes mares bordées de hauts talus, l'eau pénètre dans les œillets de transition, puis dans les autres où se produira la lente évaporation.

Les années les plus productives sont celles où l'évaporation se fait normalement, sans hâte, sous l'action combinée du soleil et des brises.

Chantez, les Paludières! Les voix très douces, des trilles qui n'en finissent plus, sont telles qu'il convient en ce pays mélancolique, où le vent vibre autour du granit, dans le silence, pleure dans des herbes sèches, choses mortes. Les Paludières, chantez!

Voici le puits, entouré de murs, comme une *noria* d'Afrique, jalousement gardée, où Batz s'approvisionne.

Après trois kilomètres, nous tournons à gauche pour déposer ou prendre des voyageurs à l'établissement Valentin.

En pleine dune, sur une plage du plus beau sable, un industriel intelligent a créé, de toutes pièces, une station balnéaire, planté, de chaque côté de la route, un parc dont les arbres promettent de résister aux souffles robustes de l'Ouest.

L'océan, car c'est l'océan, ici, plus rien, en face, que l'immensité, apporte ses lames qu'il jette avec rage, au pied de la galerie couverte où se rafraîchissent les touristes... Des jeunes femmes,

pendues à la corde, en costumes éclatants, toutes
ruisselantes comme des Néréides récemment sorties de l'onde, se laissent soulever par le flot montant, avec des rires, des roulades d'oiseaux, chaque
fois que déferle une lame sourde.

Bains froids, bains chauds, bon gîte, on trouve
tout ici... et belle vue sur la mer que sillonnent
les barques de pêche, gigantesques goëlands évo-
luant entre l'or et l'azur, et, au large, les paquebots aux flancs étincelants, pavillon haut, en
route pour l'autre monde.

L'établissement est peut-être sous le vocable de
ce moine, un franciscain à mine fleurie et ventre
de bon augure, qui sourit, de sa niche de plâtre,
et semble dire aux visiteurs : « Voyez, je me porte
à merveille, avec la grâce de Dieu. O vous qui
venez ici chercher l'appétit et la santé, buvez frais,
mangez ferme, et... restez-y. »

Plus qu'un kilomètre pour atteindre Le Croisic.
J'ai laissé la voiture et sa poussière, des Anglais
qui cassaient des noix en parlant — et je vais pè-
lerinant lentement pour tirer profit de la conversation d'un monsieur — cousin-germain de l'Antiquaire — qui pérore entre deux dames, en montrant
le marais du bout de sa lunette :

— Voilà où combattit la flotte de César contre
les Vénètes, à l'aurore de notre ère. César, nous dit
Strabon, nous disent les Commentaires, en tunique
rouge, observait le combat du rivage, de la côte...
de cette place, peut-être, d'où l'on découvre fort bien
la vallée profonde où circulait autrefois la mer.

— Et... qui fut vainqueur ? demanda l'une des
dames.

— César, évidemment, toujours... Vous connaissez sa ruse. Il ordonna d'attacher des faux aux mâts de ses navires, et les voiles des Venètes tombant à l'eau comme des ailes coupées, leurs barques furent poussées sur le sable où les légions, l'épée à la main, attendaient... On a retrouvé dans les marais, on retrouve encore, des ancres romaines et les fers des carènes.

— C'est merveilleux ! s'exclament les deux dames.

Aussi moi, qui ne l'a lue? j'avais lu cette histoire — et je m'arrête sous les ombrages, véritable oasis au milieu des sables, de la villa de Saint-Nudec, pour examiner le champ de bataille.

Le *traict* du Croisic, par cette marée haute, s'avance en golfe au milieu des terres, comme cherchant une issue qu'il ne retrouve plus. Les Venètes, sûrs du fond, ont dû arriver par là, de vers Quiberon et les baies de Vannes, tandis que la flotte romaine, poussée par le vent du sud-ouest remontait du Pouliguen (la baie blanche) : les deux flottes aidées du même flux.

César débarqua ses soldats à pied en face de Batz, les rangea en bataille, et, du haut des rochers, surveilla les incidents du combat.

Encore ici, je me refuse à croire à ce stratagème enfantin de faulx attachées aux mâts et déchiquetant les voiles ennemies. Je préfère penser que les Venètes, hardis marins, habitués à une mer autrement capricieuse que la Méditerranée, furent, tout simplement, ainsi que leurs frères du reste de la Gaule, vaincus par la tactique et la discipline...

A cette place où retentirent les *terr i benn* (casselui la tête) et les trompettes romaines, le marais étend son uniformité grise troublée par le vol alourdi de quelques flamants qui traînent derrière eux leurs pattes sanguinolentes et des envolées de mouettes chassant l'anguille dans les vasières.

Pfuit, pfuit... Un goëland décrit lentement une ligne courbe et s'abaisse sur un tas de sel, tout en haut... et le silence reprend rompu tout à coup par un grand souffle de la mer, par les pleurs du vent qui passe sans s'arrêter, courant à des frondaisons lointaines, par des cris brefs d'oiseaux qui sortent on ne sait d'où, qui sont des points noirs dans le ciel... Voici, à gauche, la chapelle du Crucifix où l'abbé Picot, dur au pauvre monde, de son vivant, amant des crûs de Guérande, *revient,* en étole et dalmatique sombre, chanter la messe des Trépassés, les nuits de la Toussaint, pour les pauvres âmes de la presqu'île. Je risque un regard par les fentes de la porte... Horreur! cette chapelle bâtie, dit-on, sur l'emplacement où saint Félix baptisa de force — tu demandes du vin, je t'octroie de l'eau — la colonie saxonne, sert, aujourd'hui, profanations! de magasin à fourrages — et c'est devant des bottes de foin et de paille qu'officie l'orgueilleux oint!

Si ce Picot était dur, le saint Félix n'était guère tendre si nous croyons ce jugement porté sur lui par son collègue du temps, Grégoire de Tours. « Malheur, lui écrivait ce dernier, malheur à ceux qui, par la violence, joignent terres à terres, maisons à maisons, habitent-ils seuls sur la terre?... »

Plus loin: « Cet homme, pour parler saintement, était plein d'arrogance et de convoitise... » — Attrape, saint Félix!

... Mais, et le commissaire ?

— C'est tout là-bas, me renseigne un matelot, presque au bout de la ville, après le quai Hervé Riel et les bassins, avant le mail.

J'y cours, tête baissée — au trot, comme on dit dans la cavalerie, tout en préparant mon exorde, car j'entends le concert des récriminations si je ne réussis pas.

Je m'arrête sous le pavillon qui s'avance sur la rue, au bout d'une vergue : ... *Commissariat de la Marine.* Je frappe à la porte ornementée d'une plaque indicatrice.

— Entrez.

Et j'entre.

Un matelot en petite vareuse est là, debout, devant l'officier, le béret à la main dont les rubans balayent le parquet, roulant mal une « sacrée » chique.

— Je suis à vous, monsieur, me dit le commissaire, puis, au matelot : Explique-toi, patron.

— Voici, mon commissaire, Lequellec, mon second, est bu... V'la le flot... Il veut tout de même embarquer. Jamais, que je lui fais, à cause des brindezingues. — Comme tu voudras, patron, qu'il me répond. Et il est là, courbé sur le mail, cuit, re-cuit, sauf respect... Pour lors, j'embarquerai Jouanic... si le commissaire veut bien me signer mon rôle.

— Jamais de la vie, ta barque est à trois, et ce Jouanic n'est pas fameux... Tu n'embarqueras pas... pour boire un coup dans la grande tasse.

— Mon commissaire...

— Dérape... Je garde ton rôle. Tu auras affaire à moi si tu armes.

— Mon...

— Dérape, te dis-je, tu partiras dans douze heures.

— Oui, mon commissaire...

Le visage bronzé de l'officier, ses yeux couleur de l'onde amère, cette petite scène, la salle, aussi, ornée de yatagans, d'armes étranges, droites, effilées, recourbées, rapportées de lointains voyages, ces casiers verts avec des noms effrayants ou terribles : le *Tonnant*, la *Vipère*, le *Tigre*... j'étais un peu ému et mon exorde s'en était allé.

— Vous désirez, monsieur ?

— Mon commissaire, répondis-je, imitant d'instinct, le matelot, je voulais vous demander l'autorisation de faire une promenade en mer.

Les yeux verts me passent une inspection rapide.

— Où ?

— Au Four.

— Ah ! quelle barque, quel patron ?

— Capitaine... Duric.

— Combien de tonneaux, quel gréement ? cria-t-il à un employé qui travaillait, penché sur de gros registres, dans la chambre à côté.

— Douze, bon arrimage, trois hommes.

— Combien êtes-vous, monsieur ?

— Quatre, mon commissaire.

— Bien.

Tout en griffonnant, il disait :

— Si l'on vous hèle, en mer, vous montrerez cet écrit au torpilleur de service.

— Vous êtes bien aimable...

— Voyez vous, m'interrompit-il, faisant allusion à la scène récente, ils sont étonnants, ces mathurins. Ils partent à la diable, sans équipage, sans rien... Un coup de vent par le travers, tout chavire et nous avons sur le dos les veuves et les orphelins... Mais votre barque est bonne, le capitaine sérieux, la mer est d'huile, pas de danger... voici, bonne chance !

— Merci, monsieur.

Sur le mail, en face, je retrouvai le matelot. Lequellec, bu toujours, ronflait comme un chanoine et son patron le roulait du pied, en criant :

— J'ai pas mon rôle, t'entends, tu m'as fait rater l' départ... Le commissaire a dit qu'il te fourrerait dedans.

L'ivrogne, péniblement éveillé d'un bon rêve, entr'ouvrit un œil.

— Ben, quoi? C'est vous, patron... oh, la, la, mince, c' qu'il fait soif !...J'ai t'y les dents longues, payez pas un verre?

... Je les ai revus, le soir, assis au fond d'une guinguette, devant les petits verres remplis de tord-boyau. Le patron, rouge comme brique, souriait aux « blagues » de son second.

Une femme, tirant deux marmots, appela, de la porte:

— Tu viens pas, Marie-Jean?

— Déralingue, sacré tonnerre.

— C'est moi que j' régale, cria le patron, entre donc, Marie-Louise; un verre, madame Jos.

Puisqu'on ne pouvait partir, il fallait bien tuer le temps sur le plancher des vaches.

....

Huit jours après, j'ai lu à Nantes, dans un journal de la région, ce filet, sous la rubrique: *Sinistre en mer* : « Dans les eaux du Croisic, près de la Turballe, une barque de pêche, montée par deux hommes, a sombré corps et biens, par une saute de vent... Barque 729, patron..... »

Le nom avait été enlevé en déchirant la bande, mais j'ai songé de suite à Lequellec, à sa Marie-Louise et aux deux petits.

L'autorisation dans la poche, sûr d'une rentrée triomphale, j'ai erré, jusqu'au soir, — la dernière voiture quitte Le Croisic à huit heures, — sur les quais et les grèves.

On m'avait dit : — Montez au « Mont-Esprit. »

Ce mont, une éminence, près de la gare, a été élevé en forme de cône tronqué avec le lest des navires. On accède à la plate-forme du faîte, par des gradins pratiqués dans un sentier à lacets.

Je ferme les yeux, en gravissant les pentes, pour les ouvrir tout à coup sur l'horizon de la mer. De toutes parts, ridés par un souffle, les flots se dressent, charriant les feux du soleil sous l'horizon d'un bleu pâli. Le Four, où nous irons demain, paraît — on a cette illusion — monter à la lame, osciller avec elle. A gauche, l'île du Met, toute blanche dans le cadre d'or de ses plages, et la pointe de Quiberon, très loin, jaillissant, bleuâtre, de l'onde, comme un nuage appesanti sur l'eau, l'embouchure de la Vilaine rayant le bleu sombre d'une coulée d'argent, et des hameaux de pêcheurs, tout le long, dans les dépressions de la côte partout où quelques rochers abritent une anse.

Je m'accoude sur le mur de pierre, et je regarde,

sous moi, la cité croisicaise : les quais, les bassins à flots où s'avancent, l'aile repliée, les barquettes blanches rechampies de bleu, la passerelle en bois comme un chapelet noir égrené sur l'eau verte, la longue jetée de granit, terminée par son phare, qui ferme l'entrée du *traict*.

En arrière, le village antique, la cité bretonne des premiers temps qui résista aux Normands, aux Espagnols, à tous les écumeurs de mer, bourgade aux ruelles étroites, enchevêtrées pour la *guerillera*, aux portes à cintres, cloutées, solides, aux petites fenêtres faites pour laisser passer le bout de l'escopette.

Derrière, au hasard de la terre cultivable, des jardins de quelques arpents, fermés de murs écroulés, tristes, de cette hauteur, avec leurs arbustes malingres, troussés par le vent, jaunis déjà, découronnés... et puis des dunes et des dunes jusqu'aux grèves arrondies, déchiquetées par la mer, et des maisonnettes isolées qui ressemblent à des marabouts sans coupoles.

Le Croisic a son histoire, ses héros, ses luttes « contre pirates et étrangers mal venus, » que j'ai lue l'autre nuit, racontée tout au long, avec amour, par un de ses enfants, M Caillo, membre de la société de l'Histoire de France.

Croisic, Troizic ou Groazic?... *adhuc sub judice lis est*, la question n'est pas résolue.

« Non loin de Guérande, écrit d'Argentré, cité par Caillo, est le port du Croisic appelé du commencement Troizic pour la venue et édification de Brutus. »

Ce brave d'Argentré ! Ce Sylvius Brutus, fils

d'Ascagne, petit-fils d'Énée, est le même qui, fuyant l'Italie, chassé de partout, erra longtemps sur les bords de la Loire, remonta jusqu'aux côtes d'Angleterre — biscornus rivages, précise un auteur — et y fonda, avec trois cents compagnons, un royaume qu'il appela, de son nom, Britonnia.

Troisic, en souvenir de Troie, je veux bien pour faire plaisir aux mânes de d'Argentré et à M. Caillo : les marins de la presqu'île, au reste, sont dignes de tels ancêtres. Je me rallie volontiers à cette légende jolie : Le Troizic fondé par Brutus, rattaché aux dieux de l'Olympe par le vieil Anchise et Vénus.

Mais, ici, nous retrouvons le fameux saint Félix. « Après avoir, l'épée aux flancs, baptisé les Saxons de Batz, il (saint Félix) donna à ce bout de terre le nom de Croisic, c'est-à-dire pays de la Croix... » (Vieux manuscrit).

Le dictionnaire de Bretagne (édition nouvelle), qui ne se paye de légendes, prétend, tout aussi logiquement : « Groaz veut dire grève, sable de grève. Groazic, et par corruption Croisic, ne signifierait-il pas petite grève, la terminaison *ic* étant en breton diminutive. »

Quoi qu'il en soit, le Croisic a son histoire.

Avec les gens de Guérande, les Croisicais luttèrent contre les Normands, repoussèrent les Espagnols, demeurèrent, quand tous les environs relevaient du château féodal, dans une demi-indépendance, toujours prêts à s'armer pour garder leurs libertés.

Le duc d'Aiguillon, qui prolongea le Lénigo, Bouguer, mathématicien, astronome, physicien, hydrographe — Racan aussi, y naquirent, et d'autres, plus humbles, corsaires redoutables à l'Anglais, Hervé Riel, maître pilote.

Chose étonnante, un poëte anglais a chanté Riel quand pas une lyre de France ne s'est accordée en son honneur.

Le 31 mai 1692 — chante Browning — Anglais luttèrent contre Français, en débandade sur l'azur; bande de marsouins effarés, les vaisseaux vinrent s'entasser en vue de Saint-Malo, sur la Rance... »

L'escadre française, de beaucoup inférieure, fuyait, Damfreville, amiral, en tête.

— Un pilote! des guides! le port! crie ce dernier, talonné par l'Anglais.

Les pilotes malouins sautent dans des barques, mais comment faire entrer de pareilles masses, le *Formidable* de 92 canons, 22 vaisseaux en tout, au reflux encore, dans la passe étroite ?

— Qu'on prenne le large, ordonne Damfreville désespéré, et, de par Dieu, qu'on fasse tout sauter!

Mais voici que, du cercle des pilotes, un homme se lève... « Un capitaine, un compagnon, de première ou de seconde classe? non, un simple matelot breton *pressé* par Tourville pour sa flotte, un pauvre pilote côtier, Hervé Riel, du Croisic.

Êtes-vous fous, les Malouins, s'écria-t-il, qui parlez de flux, de rocs et de barres, quand l'Anglais est sur nos vergues... Brûler la flotte, les vaisseaux du Roi! Confiez-moi le *Formidable*, les autres suivront.

— Place au matelot, dit Damfreville, et, froidement, s'adressant à Hervé : — Tu me réponds du succès sur ta tête. Si mon vaisseau touche, je te brûle la cervelle.

— Bien, amiral, répondit le Croisicais.

Riel saisit la barre et Damfreville se tint près de lui, le pistolet levé.

Mais Hervé, d'une voix nette, commande, et, dans cette eau qui refluait, « pas un vaisseau à qui mal advienne, pas une quille qui froisse le fond, pas un agrès qui avarie... Sous les remparts de Solidor, au nez de l'Anglais dont l'œil oblique étincelle, qu'il est bon, trois fois bon, d'amarrer le long de la Rance ! »

— Que réclames-tu pour tes services, demande Damfreville à Riel, de l'or, des galons, le commandement, sur ma foi, tu en es digne, d'une corvette du roi ?

Le gars, marié depuis peu, répond :

— Une permission pour aller revoir ma femme, la belle Aurore.

— Embrasse-moi, mon garçon, s'écria Damfreville ému.

La municipalité a donné le nom de Riel à l'un de ses quais... A quand ce nom à l'un de nos vaisseaux de guerre ?

Descendus du Mont-Esprit, par l'allée d'arbres rouillés, j'ai suivi les quais, longé les trois Chambres où abordent les barques pour le déchargement et le radoub. J'ai visité la halle, la criée bruyante où s'alignent, sur les dalles lisses, la pêche du jour, des poissons drôles et monstrueux, la sole et le chien de mer, depuis l'humble sardine.

Des Croisicaises — les madame Angot de ce pays — fortes, hautes en couleur, à l'air crâne, suivent, d'un lot à l'autre, le crieur public qui va très vite :

— Quatrième lot : deux cinquante, trois, trois

vingt-cinq... Personne ne dit plus?... Adjugé !

Et des dalles, aussitôt, la marée s'engouffre dans les paniers, entre deux couches de glace, sous les yeux du pêcheur qui songe, un pli au front :

— Trois vingt-cinq, c'est pour rien.

Lui seul, le gars aux jambes nues, à la figure bronzée par les embruns, sait les fatigues des nuits, la frayeur qui rend pâle, malgré le beau courage, quand un grain le surprend au large, sur le flot qui danse, par la mer souvent démontée de ces parages...

Généreux quand même, ce grand brun, auprès de moi, offre :

— Tu prends un verre, mathurin ?

— Oui, dame.

Et, les trois pièces se battant dans le gousset trop vaste, ils s'en vont, patron et matelot, au caboulot du coin...

Le long du dernier quai, plus loin que l'hôtel d'Aiguillon, est le jardin public ; on dit ici, un peu pompeusement, le Mail. Il s'en va, le pauvre ; ses arbres, souffletés par le vent, se meurent couverts de cicatrices — et les feuilles pendent, éplorées, sous une couche de poussière.

Dans ces demeures en granit, à gauche, aux fenêtres protégées des autans par de lourds volets, habitent, assurément, des patrons enrichis, des marins dont les jambes vacillent sur les planches...

Ce vieillard, à barbe de neige, qui fume sa chibouque sur ce balcon de pierre, est, certainement, un vieux loup de mer. Du matin au soir, je le devine, il se tient à cette place, en contemplation muette; il a les yeux sur elle, toujours, en tirant sa pipe, sur la Charmeuse qu'on n'oublie pas, qui vous prend tout entier par ses écarts et ses accalmies fantasques ; il regrette le temps où il était ce moussaillon, vêtu à la diable, d'un soupçon de culotte, d'une veste étriquée, qui siffle, là-haut, dans les porte-haubans d'un trois-mâts à voiles...

La mer gronde après la jetée, furieuse d'être resserrée, et charrie de grandes algues vertes dans l'eau, noirâtres sur le rivage.

A l'attache de la jetée est l'établissement des Frères de Saint-Jean-de-Dieu, pour les enfants scrofuleux et rachitiques.

Le casino a été transformé en hospice — et là où les mondaines exhibaient de fringantes toilettes de plage, les petits se roulent sur le sable... L'ensemble, cependant, en est plutôt triste.

La porte est ouverte sur de larges couloirs à travers lesquels se plaint la forte brise, ouverte aussi la fenêtre du parloir, une salle froide avec une table et deux chaises que préside un crucifix de cuivre aux traits durs... Des ombres noires errent, silencieuses, dans les cours et les corridors. Comme tout cela, gens, chambre et couloirs, est froid, glacé — et les enfants qui se roulent là bas, au devant de la lame, qui devisent, assis en rond, sur le sable, ont, malgré tout, l'air d'être emprisonnés.

Ah ! les petits ! s'est-il réjoui, le « cercle de famille » dont parle le poète, quand ils ont fait leur entrée dans le monde.

Un gamin très poli — ils sont tous polis, ici — me dit :

— On peut visiter, monsieur.

Visiter, pourquoi faire ? Les enfants, qui semblaient deviser joyeusement, se sont relevés à un coup de sifflet, les autres reviennent du bain, et tous se traînent, les membres tordus, les épaules trop hautes ; leurs bâtons sont des béquilles !

Je m'appuie à la jetée, les yeux sur la mer glauque dans laquelle se balancent des méduses, glissent des congres et des plons, par bandes, avec des éclairs bleuâtres — puis, je les relève sur les échancrures de la côte : Pen-Bron, la Turballe, des pointes et des baies, des coins de sable tapis entre des rocs, et, tout au loin, comme un nuage immobile, la presqu'île de Quiberon... Le flux déferle autour des bouées du chenal, le *traict* est sillonné de centaines de barques, un *you-you* passe, sous des voiles latines, la flamme tricolore battant au mât... Le peintre qui installe son chevalet, à l'abri de la jetée, pourra-t-il fixer sur la toile ce paysage de bleu et d'or ?

..., J'ai résolu de pousser jusqu'à la pointe — « là où il n'y a plus que de l'eau » — et je prends par le faubourg, une rue droite qui va se rétrécissant par la campagne.

On m'avait dit d'aller voir la chapelle de saint Goustan, et je la trouve tout de suite, après les dernières maisons, derrière quelques chalets dont les toitures vives et les jardins transplantés, à grand'peine entretenus, détonnent dans ce paysage sévère, cette contrée de monticules cent fois modifiés par les rafales.

La chapelle, comme les autres, si nombreuses en ce pays de bénédictions, a sa légende. La voulez-vous ?

Surpris par une tempête, saint Goustan — était-il déjà un saint, ou l'est-il devenu depuis ? — se laissa venir sur les côtes du Croisic. Brisé de fatigue, il s'endormit sur un rocher. Mais le ciel eut pitié de lui, de sa ferveur naissante, de ses velléités de se sanctifier, et amollit, sous ses reins, la pierre qui garda l'empreinte de son corps.

En s'éveillant, il eut soif, et faim, et froid. Une source jaillit pour le rafraîchir ; de célestes goélands, peut-être des albatros, lui apportèrent des vêtements de laine ; des poissons sacrés, des victuailles.

La nouvelle du miracle se répandit rapidement de huttes en chaumières ; les paysans accoururent les mains pleines — et Goustan, à la prière de tous, demeura dans le pays, près de sa source, pour le plus grand bien de la presqu'île.

A son ordre, les vents et les brises « sautaient » de l'est à l'ouest et *vice versâ*, à tous les points du compas ; la mer se calmait.

Après sa mort, on lui éleva une chapelle — ainsi les Arabes dressent un marabout au santon décédé en bonne odeur. — On voulut laisser en dehors, à cause de la déclivité du terrain, le roc sur lequel avait dormi le saint lors de son atterrissement, mais, la nuit, les murs s'écroulaient, tout se défaisait. On reconnut facilement le doigt de Dieu ; la pierre fut enfermée dans la construction et servit d'autel.

J'ai vu cette empreinte ; je me suis étendu, profane, sur le rocher — et j'ai gagné cent jours d'indulgence.

Depuis si longtemps, la pierre a repris sa dureté première. Il fallait que le saint fût bien fatigué pour y dormir.

Vendue en 1792, la chapelle sert de corps de garde ou d'abri au voyageur surpris par l'ondée. La fontaine, vexée par ce sacrilège, s'est tarie, mais la dévotion à saint Goustan fleurit toujours.

Quand les vents soufflent, à n'en plus démordre, d'un point quelconque de l'horizon, du sud surtout, mauvais pour la pêche et l'entrée, les Croisicaises commencent une neuvaine, remplaçant, pour l'ablution obligatoire, l'eau disparue par du sable.

Si les vents s'entêtent, la neuvaine se double d'une autre au Crucifix.

— Et alors? demandai-je au bon douanier qui me racontait ces choses.

— Alors, monsieur, le vent « saute » toujours, ça ne manque jamais.

Mohammed, de Tunis, dirait: C'est écrit.

***

M'y voilà, sur la pointe extrême, à la Pierre-Longue, un menhir plus singulier que celui de Batz, à demi enfoui dans le sable, ressemblant, de loin, à un lion accroupi.

Des hirondelles de mer, irrévérencieusement, se lutinaient sur la pierre sacrée, la pierre de Tintorix et des Korrigans; elles ont fui à mon approche, et me regardent, réunies, tous les becs vers moi qui ose envahir leurs domaines.

Le soleil décline, la mer est pleine sans être grosse, on la dirait lasse de tant d'efforts... C'est le silence, un silence que rien ne trouble plus.

... Pas une voiture, à des kilomètres, ne fait craquer le gravier des routes, pas un grelot n'égrène sa note, pas un chien n'aboie, pas un animal ne frôle la feuillée... un silence de tombe... Rien que de l'eau et de l'eau, une plaine uniforme, rose... Seule, une petite voile s'enfonce sous l'horizon.

C'est une belle, très belle chute de jour, une soirée tiède et pure.

Cette voile, si loin, à une distance incalculable, quatre milles ou dix, fait pendant au Four ; elle laisse pressentir la rotondité du globe.

Vient-elle, s'éloigne t-elle ? Elle paraît, d'ici, immobile ; le sommet du mât, seul, oscille. Ce doit être bon — et doux — d'être bercé, tout là-bas, dans ce rose !

Je me suis adossé au menhir — et j'ai attendu que le soleil disparût derrière l'Océan. .

Avec combien d'autres bourgades, des villes aussi, Le Croisic se dispute l'île des Prêtresses — et ses historiens mettent en avant de vieilles coutumes conservées jusqu'au siècle dernier.

Les Croisicaises, alors — de maîtresses femmes, selon Caillo, qui de tous temps, peut-être encore aujourd'hui, ont porté... jambières — se rassemblaient, certain jour de l'an, sur cette pointe, autour de cette pierre, dansaient des rondes échevelées, d'où tout mâle était exclu et se lançaient, de l'une à l'autre, des vases en terre.

Malheur à celles qui échappaient le vase ! Elles ne se mariaient pas de plusieurs années.

... Il grossit, l'ami soleil, tombe très vite, jouant à cache-cache avec un nuage à bordure d'or, reparaissant et disparaissant, jetant, par endroits, de longues traînées de pourpre ; les flots, à l'infini, deviennent violacés...

Pas un souffle ne ride l'onde, toute d'huile... Les hirondelles se taisent, lèvent leurs têtes blanches... pour voir.

Aussi moi, je suis debout, debout sur le menhir, car le disque de l'astre a touché l'eau. A mesure que le disque se ronge, la grande plaine s'appâlit, tourne au jaune, au gris... Plus qu'un point brillant, au dessus d'une vague lointaine, puis plus rien... Une seconde la mer reste illuminée de cette dernière caresse de la lumière, et, aussi vite, tout s'assombrit.

De bruyants coups d'ailes passent au-dessus de moi : les hirondelles fuient vers les terres.

Alors, tout d'un coup, le vent reprend ses sifflements, les vagues murmurent, clapotent, se heurtent... La barque a disparu ! Il n'y a plus d'horizon, devant moi, plus rien qu'un grand trou noir d'où viennent mille voix menaçantes.

C'est cet instant que devait choisir Tintorix pour officier et sacrifier, c'est à cet instant que devaient hurler les Prêtresses, chères à Strabon, pour effrayer les navigateurs crédules.

Ces voix, dans la nuit ! On dirait que les Esprits me poursuivent, m'invitent à revenir en arrière, et je fuis...

— Vous n'avez rien à déclarer, me crie un douanier, qui se lève, soudain, d'entre des rocs.

— Si... j'ai peur.

XIV

AUTOUR DE PIRIAC. — LA VOILE NOIRE

La partie de pêche au Four est remise au surlendemain. Nous attendons le grand, grand reflux. Le capitaine qui ne veut pas s'embarquer à la légère — doit passer la revue de son bateau.

Deux jours. On m'a dit : Il faut voir Piriac, le tombeau d'Almanzor, la grotte de la Dame, celle du Chat, toute la côte entre le Croisic et l'embouchure de la Vilaine — et je suis parti, à l'aube, par la route des marais. Elle est un peu bien défoncée, cette route, semée d'ornières, mais les talus gazonnés sont si doux aux pieds !

J'ai gagné la côte, après Pen-Bron, et, la Turballe passée, un gros village de pêcheurs avec une belle jetée, des fabriques de sardines, je me retrouve sur la falaise... une falaise véritable, avec des contreforts dans la mer.

... Comme je tournais, suivant le rivage, la pointe de Castelli, je faillis, les yeux occupés à la mer étincelante, m'enchevêtrer dans les jambes d'un *quidam* tout du long étendu sur le parapet d'un fort démantelé.

— Pardon, monsieur... hasardai-je. Puis, dans une exclamation joyeuse : — Comment, vous, ici?

— Et vous ?

Ensemble :

— Comment va ? Bien. — Très bien.

— Vous ! repris-je, le docteur illustre, le richissime, *en ce trou pas cher*, et vos malades?

Le docteur... Richaume est homme d'esprit.

— Mes malades sauront bien mourir sans moi. J'ai fui la Baule et le Pouliguen : trop de bruit, trop de monde, trop de toilettes.

— Et, corbleu, monsieur, que faites-vous ici ?

— Je bois de l'air, du bleu, du soleil, je m'enivre d'oxygène — il tendit son bras vers l'Océan — et j'attends. Voyez, là-bas, parmi les voiles jaunes d'Auray, celles, blanches, du Croisic et de la Turballe, cette autre voile noire... c'est le bateau de Kerkadec, et l'ami Kerkadec est le plus habile des *langoustiers*; alors... la mer monte, Kerkadec rentrera dans une heure, et, si le cœur vous en dit, je vous invite à dépecer un crustacé.

— Accepté.

— Prenez un siège... Cinna ; le vent vient du large, buvez; vous aurez, tantôt, un appétit de jeune requin. Mais, ajouta-t-il, puisque vous déjeunez avec nous, permettez-moi de vous présenter Kerkadec, c'est à dire de vous raconter son histoire.

— Je suis tout oreilles, mon bon docteur.

— Regardez, d'abord, à droite, cette terre dorée qui jaillit de l'onde ?

— L'extrémité de Quiberon ?

Nullement, l'île Dumet. Cet îlot de quelques kilomètres, avec son ancien fort déclassé, comme celui sur lequel nous sommes assis, a été vendu dernièrement à un monsieur dont j'ignore le nom qui, à l'instar de Sarah Bernhardt, à Belle-Ile, a édifié, sur le fortin même, une confortable demeure dans laquelle, autre roi d'Yvetot, il vient chercher la santé pendant la belle saison.

— Un ermite, alors ?

— Nullement encore, il a deux filles charmantes qui jouent... du piano.

Mais revenons à Kerkadec, qui oriente, là-bas, sa voile sombre, sombre comme une aile de corbeau parmi des palombes.

Pierre est né au bourg de Batz. A vingt ans, il devait être un robuste gaillard. Bien que touchant, aujourd'hui, à la cinquantaine, ses yeux, limpides comme la mer, son teint blanc, en dépit du hâle et des embruns, sa puissante carrure, tout, en lui, rappelle ces hardis Vénètes qui, jadis, accueillirent César de leur terrible cri de guerre : *Terribenn!*

Seul au monde, son père était mort en Islande et sa mère l'avait suivi de près, les veuves de marins meurent jeunes, il travaillait chez le patron Le Gonic. Oh ! il ne gagnait pas cher, mais Le Gonic avait une fille, Reinette, plus rose que la plus rose des pommes de ce nom, aussi belle que les saintes des vitraux de Notre-Dame-d'Auray, que Kerkadec aimait.

— L'éternelle histoire, murmurai-je, Kerkadec était pauvre...

— Justement, interrompit le docteur. A la demande en mariage, Le Gonic répondit : — J'avais une barque de six tonneaux quand je me suis marié avec ma défunte, je veux que mon gendre en ait une de douze.

Touché cependant du désespoir de son matelot, dont il avait pu apprécier le courage et l'habileté, il ajouta :

— Rien ne presse, mon gars, Reinette n'a pas encore dix-sept ans.

Pierre comprit cette réticence.

— Promettez-moi, patron, de ne pas la marier avant cinq ans. Si dans cinq ans je n'ai pas la barque, eh bien...

— C'est promis, matelot.

Et le même soir, aux étoiles, Pierre disait tristement à Reinette :

— Ton père...

— J'ai tout entendu !

— Tu m'espéreras ?

— Oui.

Le lendemain, Kerkadec s'engageait, à Lorient, sur un bateau de l'État. Sa tenue, sa conduite exemplaire, ses connaissances du métier, on en était encore aux navires à voiles, le firent bientôt remarquer. Après deux ans, il était quartier-maître. Sou par sou, il amassa l'argent de sa solde. En la guerre de Chine, une part de prise arrondit sa bourse. Dans une descente, il décida du combat, par une manœuvre hardie, et fut décoré. Enfin les cinq ans s'achevant, et les cinq mille francs nécessaires à l'armement du bateau étant au complet, il démissionna malgré ses chefs qui lui prédisaient un bel avenir.

Au jour dit, il se présentait chez maître Le Gonic, et...

— Reinette était mariée ?

— Pas du tout, les Bretons sont de parole. — Tope-là, mon gendre, s'écria Le Gonic ; aussitôt après le baptême du bateau, nous ferons le mariage. Embrasse-le, fillette.

Si la fillette, qui était maintenant une superbe jeune fille, embrassa de bon cœur ce beau garçon décoré, à double galon d'or, je vous le laisse à penser, mon camarade.

⁂

Mais la voile noire oriente pour rentrer, fit le docteur, après avoir allumé sa bouffarde, marchons pour arriver comme elle à l'estacade de Piriac.

Et, comme nous allions, sur la grève, le sable pleurant sous nos pieds, Richaume reprit : En deux mois, la barque fut parée et baptisée : *Reinette*, du nom de la fiancée. Des rectifications de paperasses avaient retardé le mariage d'une quinzaine. Kerkadec, heureux comme un roi, avait repris son métier de pêcheur.

Quatre hommes formaient l'équipage : Kerkadec, amiral, ainsi que plaisamment il se dénommait, Kermeur, son second, Le Gaël et Le Couëdic.

Ce Kermeur, au temps où Pierre naviguait sur l'État, avait courtisé Reinette. Refusé, il était d'humeur sombre, mais excellent marin.

— Fais comme moi, cherche une femme, lui disait Pierre, ça donne du cœur.

— Nous verrons, j'ai le temps.

Un matin, Reinette exprima le désir d'aller en mer. Pierre, ravi, accepta. Dehors, il hésita. Le soleil se levait mal derrière Guérande, et le vent soufflait de l'est, mauvais vent qui porte en mer.

— Bah! se dit-il, la *Reinette* est solide, la sardine donne, il faut bien travailler. . pour la noce.

Ses hommes, sur la jetée, gréaient la barque.

— Le Gaël est malade, patron, observa Kermeur, alors j'ai requis Hoël, ça vous va?

Non, ça ne lui allait guère; Hoël était un pas grand'chose, et par ce temps indécis?... Il eut l'idée de ne pas appareiller, mais d'autres barques sortaient, et, du reste, sa fiancée radieuse s'installait déjà.

— C'est bien, dit-il simplement, partons.

Le poisson donnait en plein et tous, joyeux, Reinette, enchantée, s'oublièrent... s'oublièrent jusqu'à ce qu'une lame, chevauchant la barque, les couvrit d'eau. Pierre releva la tête vers le ciel jauni que rayaient des éclairs.

— Alerte, mes enfants, s'écria-t-il, rentrons.

A l'infini, des moutons couraient sur l'onde et la mer, sous ce terrible vent d'est, s'échevelait. Mais la *Reinette* était une barque fidèle qui montait à la vague en se jouant.

Pierre était au gouvernail: Reinette, la tête dans ses mains, couchée à ses pieds.

— Nous atteindrons le port Dumet avant le grain, disait il, courage, matelots.

De plus en plus, la mer se démontait, folle, mais la petite crique n'était plus qu'à deux encâblures.

— Amène la voile, Hoël, cria Pierre, je vais virer.

Hoël saisit la corde. La voile était à moitié du

mât : Pierre vira à pic. Soudain, prestement, la grande voile remonta.

— Que fais-tu ?...

Il n'eut pas le temps d'achever... La bourrasque, prenant la toile en travers, coucha la barque dans la mer et, en une seconde, la *Reinette* sombra...

Excellent nageur, Pierre put rejoindre le rivage. Il se retourna : les lames emportaient la barque renversée... Affolé, il cria : Reinette, mon âme...

Le grondement des flots étouffait ses appels... Là-bas, pourtant, entre les vagues, apparaissait et disparaissait une tête brune, aux longs cheveux... C'était Reinette, sans doute... Il se jeta à l'eau. Aveuglé par l'onde, par le vent et la pluie, il réussit à saisir ces cheveux, sans voir, et, exténué, ce corps se collant à lui comme une pieuvre, il s'évanouit, mais le flot rejeta les deux corps sur le rivage.

L'eau du ciel, après combien de temps, lui fit reprendre connaissance.

Rapidement, il se souvint et regarda... Oh ! il avait sauvé Hoël, le jeune Hoël aux longs cheveux de femme. La mer grondait toujours, elle était déserte.

Hoël aussi avait repris ses sens. A Pierre, penché sur lui, l'œil terrible, dans son désespoir, il balbutia, ses dents claquaient :

— Patron, ce n'est pas moi, pardonnez, c'est Kermeur, le second, qu'a hissé la grand' voile... exprès... Il vous en voulait à cause du mariage... Il avait juré... sa mort .. ou la vôtre.

Hoël trépassa dans la nuit. Deux jours et deux nuits, la tempête dura et, deux jours et deux nuits, Pierre resta dans cette île, les yeux sur la mer... Enfin, un pêcheur le rapatria, il avait les cheveux blancs.

Longtemps, il fut fou. Le Gonic, qui l'avait recueilli, étant mort, il mendia, gambadant devant les portes, pour un verre de cidre. Les gamins le poursuivaient parce que, souvent, il devenait méchant. Un jour, la raison lui revint, ou, plutôt, un autre genre de folie. Depuis lors, il pêche aux langoustes, toujours aux environs du Met, taciturne tour à tour et bavard, sur une vieille barquette, la *Reinette*, qu'il a radoubée lui-même, cette barque, aux voiles noires qui accoste en ce moment... Tous avaient péri, termina Richaume, sauf Kermeur, le doigt de Dieu...

— Et, sait-on ce qu'il est devenu, ce Kermeur ?

Le docteur me regarda dans les yeux et, à voix basse :

— La veille de son mariage, il a été poignardé.

— Bigre !

— ..... Bonjour, Kerkadec, s'écria gaiement le docteur, en s'adressant au vieux pêcheur, ça a marché ?

— Oui, monsieur, mais...

M'avisant, il se tut.

— Un ami, mon brave, qui, bientôt, t'aimera. Tu peux parler.

Une larme brilla dans les yeux limpides du vieux, limpides comme la mer, un peu enfantins. Il m'offrit la main, et comme je la pressais dans les miennes :

— Ah! monsieur, me dit-il à l'oreille, *je l'ai vue,* en travers de l'île, dans l'eau verte, tout au fond, j'allais plonger... elle a disparu...

— Qui donc?

— Reinette, ma fiancée! Un jour, allez, je la rejoindrai.

— Suis-nous, vieux bavard, ordonna le docteur, il est temps de déjeuner ; deux langoustes et trois homards... bien...

Et le sable, encore, au retour, pleurait sous nos pieds.

XV

LES PROPOS DU DOCTEUR

— Je vous vois venir, reprit le docteur, après le dessert et les pommes, ces petites pommes de la Bretagne normande, apportées ici par des chalands, ivoirines, ridées comme des joues de vieilles filles — mais savoureuses! — vous quêtez des renseignements sur.... Piriac.

Lors, offrant un cigare à Kerkadec:

— Ces choses-là ne t'intéresseraient guère, mon pauvre matelot, va m'attendre où tu sais.

Kerkadec rompit, emportant son sourire triste et le docteur, tourné vers moi:

— J'essaierai de vous satisfaire. J'aime mon Piriac, depuis vingt ans que j'y viens chercher repos et santé. Mais, on me l'a gâté, déjà; des diligences nous arrivent de Guérande avec des dames à falbalas, des pianos, des violes et autres machines à tra la la.

Le jour, on flirte.. le soir, on s'invite, on pianote, on illumine... et je n'entends plus chanter le vent, je ne vois plus la mer... Bientôt, je ne pourrai plus, comme autrefois, vagabonder à l'aise, de Penhareng à Penestin, en gilet, en chemise, dans le plus simple appareil... Ah! mon Piriac d'antan, vieux bourg si calme au bord de sa crique où se chevauchaient de vraies vagues poussées par un vrai vent, du bleu partout, et du rose, sans banderoles, des rochers et des coutumes tels de deux cents ans...

— Nous remontons au déluge, hasardai-je.

— Oui, j'embarque, dirait Kerkadec. Le moyen de rester calme aussi, quand, bientôt, sur cette côte d'Armorique, il n'y aura plus un seul coin où rêver, une seule plage où tailler sa coupe sans être braqué par plusieurs paires de jumelles... N'importe, le chemin de fer n'est pas près d'être achevé et quand le casino se construira, je serai... loin.

Piriac, donc, *Pen Piriacum*, 1.096 habitants, 1.097 depuis quelques heures, car j'ai eu l'honneur d'attraper, ce matin, un citoyen à sa venue sur cette terre, était autrefois, consultez la géographie de Léon Maître, une ville importante, punique ou romaine, qui couvrait un grand promontoire s'étendant jusqu'à l'île.

A la ville importante — on en met partout : avec quelques débris de céramique, deux cercueils et une statuette, on reconstruit une cité — je veux bien croire tout de même pour faire plaisir au laborieux archiviste de Nantes, mais je crois absolument, avec conviction, au promontoire reliant l'île Dumet — exactement 5556 mètres — au continent.

Mieux, à certaine époque, je reviens au déluge, Belle-Ile, par Houat et Hœdik, les deux sœurs, et notre île Dumet, était aussi rattachée à la terre.

Toutes les îles, d'Ouessant à Ré et Oloron, je soutiendrai cette opinion par le plus documenté des mémoires, ne sont que les portions les plus élevées de l'ancien continent. La côte, alors, s'avançait presque rectiligne, fléchissant seulement au centre.

Regardez, continua-t-il, le bras tendu par la fenêtre ouverte, si la mer n'était pas grosse, vous verriez les bas-fonds, entre l'île et nous, les dos mordorés des rocs... Si vous allez au Four, par cette très basse marée, l'étendue du plateau que la mer découvre vous étonnera... on dirait qu'il ne reste plus, aux eaux basses, que le chenal creusé par la Loire... Certes, toutes ces terres ont surnagé, à preuve... Mais, j'embarque encore, trop, décidément.

Prêtez-moi le bras et parcourons le bourg.

Et, comme nous allions par les ruelles originales de la tant vieille cité, des femmes, qui tricotaient, sur le seuil des portes ou derrière d'étroites fenêtres, nous saluaient :

Bonjour, monsieur le docteur ; et salut donc, monsieur.

— Vous avez sans doute guéri tout ce monde ?

— Guéri ! Jamais de maladie ici ; on naît, on pousse, on vieillit et l'on s'éteint tranquillement, comme une lampe faute d'huile. Le tout est de doubler la cinquième ou sixième année, à cause de la vigueur de l'air. Ce cap franchi, tout le monde devient au moins sexagénaire.

Une fille passait aux joues veloutées de pêche mûre, aux formes de statue, mais d'une statue taillée par Baffier.

— Hé... Marie-Rose, cria le docteur, viens un peu nous tirer ta révérence. Quel âge lui portez-vous, mon camarade ?

Marie-Rose me parut courir sur ses vingt ans, mais je répondis par pure chevalerie :

— Dix huit.

— Allons, Marie, décline ton âge.

— J'aurai quinze ans pour la Chandeleur, répondit la jeune fille de sa douce voix de bretonne.

— Elle dit vrai, m'affirme le docteur, dès que l'enfant se fut éloignée.

D'autres nous croisaient, toutes belles, j'entends fortes — et des gars aux larges épaules.

— Ah ! s'écria tout à coup mon compagnon, je vous présente les « Messieurs » de Piriac.

— Les messieurs de Piriac !

Seuls, en cette ruelle, se promenaient, en grognant, deux de ces animaux dont Monselet estimait si fort la chair.

— La pêche n'est plus guère rémunératrice, voyez-vous ; les habitants ont délaissé la mer et se sont faits cultivateurs. Ils s'en trouvent bien, la terre est fertile dans un rayon de plusieurs kilomètres. La campagne, jusqu'en juin, est un jardin. J'ai vu, sur ces coteaux abrupts, de superbes vignes dont le vin blanc vous réjouissait le cœur... Emportées, toutes, par le phylloxéra.

Ne vous semble-t il pas, poursuivit il, en s'arrêtant devant une porte antique, que Piriac, mon bourg, a gardé comme un air, un rien qui l'enveloppe encore, mais visible, d'un passé à la fois guerrier somptueux et féodal...

Examinez cette porte, ce cintre élégant et travaillé, auprès, cette fenêtre ouvragée; j'en sais, ici, dix autres semblables et de plus belles.

Tous ces murs ont entendu le cri de guerre, toutes ces ouvertures ont vu le bout de l'arquebuse. Vaillamment Piriac s'est défendu contre l'Espagnol et l'Anglais, contre les Huguenots.

Piriac a vu naître François Baron, le célèbre calviniste, et, dans un autre ordre d'idées, l'abbé de Bellegarde.

Les Espagnols l'occupèrent, pour le compte de Mercœur, au temps de la Ligue.

Longtemps auparavant, Conan III l'avait cédé aux moines « avec tous revenus, pour des prières à son âme. »

Ces eaux ont eu leur combat naval, la bataille du Haut-Dumet.

A l'abri de l'île, Espagnols et Anglais, tous flibustiers à demi, enragés corsaires, se cachaient pour surprendre les navires marchands.

En 1709, quatre Anglais étaient embusqués. L'équipage menait vie joyeuse à terre, attendant marchands à détrousser, quand, doublant Quiberon, apparurent les voiles d'un convoi.

— Aux vaisseaux ! s'écrièrent les chefs.

Et les quatre navires de se porter en avant, mais, aussi, de déboucher, derrière le convoi, deux frégates de 60 canons, battant pavillon de France.

Quatre contre deux : la partie pouvait se risquer — et la canonnade, des deux côtés, commença. Mais les pièces françaises étaient servies par des gars de Dunkerque, gaillards habitués aux brumes du nord, plus denses que la fumée de deux cents canons.

« Si bien pointèrent les nôtres, dit la chronique,
« qu'un anglais fut coulé presque de suite. Les
« autres essayèrent de s'enfuir, un seul y réussit,
« ayant le vent ; les autres furent cernés... il y
« fallut l'abordage. »

Sur l'un des bâtiments ennemis se rencontrèrent un capitaine et un pilote qui avaient coulé leur navire, sous Belle-Ile, après s'être approprié la cargaison.

Le capitaine était de Bourgneuf, il s'appelait Arnau. Il fut roué vif.

Le pilote fut pendu à Nantes, en la prairie de la Madeleine, et son corps délaissé sur le gibet pour servir d'exemple aux navigateurs.

— Amen, dis-je en mettant le pied sur la première marche de l'église.

L'église, et cela étonne en ce pays, n'a rien de remarquable, rien d'antique, ni vitraux artistiques tamisant mystérieusement la lumière, ni stalles brodées, ni chancel, ni les chapiteaux à volutes chers à l'antiquaire de Batz... Elle est proprette et claire et nulle chose n'y attire le regard que cette ligne sur la muraille :

Dépôt du cœur de madame de Tournemyne.

Et, au-dessous, cette légende :

« Le dixième jour de décembre 1719 a été dé-
« posé le cœur de Haute et Puissante Dame Anne-
« Marie de Coëhogon, épouse de Haut et Puissant
« Seigneur messire Jean-Joseph Tournemyne
« de Hunauday, comte du dit lieu, baron de Cam-
« zillon, et, de son vivant, seigneur de cette pa-
« roisse... etc., etc.. »

Et les cœurs des mariniers et canonniers morts au combat du Haut-Dumet, et les cœurs de tous ceux péris en mer, bravement, où sont-ils ?

Oh ! cette exclamation de Gugusse :

— As-tu fini ?...

.*.

— Monsieur le docteur! supplie une vieille femme, quand nous sortons.

— Oui, je sais.

A moi :

— Allez, seul, au tombeau d'Almanzor, je ne puis vous accompagner. C'est à la pointe de Pen-Hareng, les grottes sont auprès, vers le sémaphore.

Au sortir du bourg, des restes de castels, partout : tourelles lézardées, rasées, murs qui croulent, pigeonniers sans pigeons, fossés comblés.

Le castel, peut-être, je n'en veux rien savoir, de la Haute et Puissante Tournemyne, du Haut et Puissant de Hunauday de Camzillon, seigneur, *de son vivant...*

De son vivant ! De quel territoire est-il le seigneur, par cet an de grâce, messire de Hunauday ?...

Je souris en remontant le sentier de rocs qui mène à Pen-Hareng.

A droite, bientôt, s'étale l'Océan, la tombe glorieuse des marins, comme un fleuve d'or qui n'aurait qu'une rive ; — à gauche des jardins, les guérets brûlés par septembre, — puis la grisaille, plus accentuée, du mélancolique paysage breton, des landes et des ondulations où tremblotent quelques aigrettes de genêts tardifs, des touffes de bruyères, autour des rochers à fleur du sol, des herbes qui frissonnent, des arbres voûtés, jeunes et déjà mourants...

Dans le lit d'un torrent à sec, où une sourcelette entretient quelque fraîcheur, une bergère chante : un psaume, trois notes, toujours les mêmes, soutenues par la basse régulière de la mer sur la grève.

Cette bergère et son chant rustique, le chant des pasteurs, ce coin vert, dans cette plaine grise, ces guérets aux haies de broussailles, la plainte de l'océan : c'est toute la Bretagne, la Bretagne des bords de la mer, depuis l'embouchure du Trieux jusqu'à celle de la Loire, en passant par Roscoff, Brest, Lorient et les bourgades de pêcheurs, en cercle autour d'une anse, comme Piriac, là-bas — toutes entourées des mêmes plaines aux mêmes aspects.

... Le sentier aboutit à la falaise, et la suit dans ses découpures tourmentées.

La falaise, en maints endroits, par grandes places, s'émiette, s'éboule, s'affale dans la mer.

Un paysan, le menton appuyé sur sa pelle, contemple un éboulement récent, toute une partie du chemin et de sa terre qui s'est laissée choir, minée par dessous.

— Ah ! monsieur, répond-il à mon salut, elle me la prendra toute, la *gueuse*... Elle l'emporte aux gens d'Houat, mon pauvre champ, petit à petit... Elle m'en a dévoré, déjà...

— Le tombeau d'Almanzor ? demandai-je.

Il s'agissait bien, pour lui, du tombeau d'Almanzor !

Penché sur le gouffre, l'œil mauvais, il continuait de sacrer, de maudire la « Gueuse » qui emportait sa terre, mètre par mètre, aux gens d'Houat.

Et la « Gueuse » pour l'instant, riait férocement avec les galets du rivage, étincelait à perte de vue, jamais plus belle.

Toute la vie, par ici, est sur la mer, sur la mer qui brille, qui flambe... On dirait qu'elle est l'amante du soleil qui, dédaigneux de la terre, lui réserve tous ses rayons, tout son or, toutes ses caresses.

Les flots couvraient le rocher d'Almanzor...

En attendant le reflux, je me suis couché près d'une mine abandonnée, là où, dit-on, les Carthaginois venaient s'approvisionner d'étain, et j'ai regardé la mer...

∗*∗

Je l'aurais retrouvé entre mille, ce rocher d'Almanzor, tant, en vérité, il a la forme presque parfaite d'un cénotaphe gardé par d'autres rocs en des poses d'animaux accroupis.

Creusés par la mer, l'eau du ciel ou la main des hommes, des bassins occupent sa surface et se dirigent vers une rigole qui descend au pied de cet autel d'un nouveau genre — comme pour recevoir le sang des victimes.

Autel, tombeau ou cénotaphe, qui nous dira son histoire ? S'en souvient-il lui-même, le vieux roc souffleté par les flots plusieurs fois le jour ?

D'où lui vient ce nom poétique et joli de Tombeau d'Almanzor ?

D'antiques manuscrits — des manuscrits noircis par des mains qui n'en savaient guère plus que nous — affirment qu'un jeune chef gaulois, du nom d'Almanzor, fut immolé à Teutatès à cette place, pour avoir dit son fait à un Tintorix quelconque.

La légende populaire, recueillie de lèvre à lèvre, prétend que cet Almanzor était un officier espagnol.

Je m'y rallie, tant ce nom d'Almanzor a un parfum andalou.

Et, m'y ralliant, je dois vous la raconter.

Almanzor — beau, naturellement, et brave — était marié depuis deux fois vingt-quatre heures, quand, de par le roi d'Espagne, il reçut l'ordre d'appareiller et d'aller croiser sur les côtes d'Armorique.

Sa jeune femme — Rosita — voulut le suivre, déguisée en cavalier.

Mais le navire la fatiguait, en ces parages où la mer est dure, et, du reste, par le travers de Castelli, alors qu'elle se promenait sur le gaillard d'arrière, le vent, indiscret, avait emporté sa toque, et, ses longs cheveux, s'épandant sur ses épaules, l'avaient trahie.

Almanzor la descendit à terre, à Piriac, au centre de sa croisière. De temps à autre, à l'insu de son équipage, il venait la retrouver... mais, trop souvent, s'écoulaient des semaines sans qu'il pût quitter son bord.

Et Rosita, pâlissant d'inquiétude, chaque jour se rendait sur cette pointe d'où l'on découvre grand d'horizon. Par les sentiers en lacets, au risque de rouler sur la grève, elle descendait à la grotte qui devait garder son nom : grotte de la *Dame*, tressaillant de joie quand, tout au bout de la mer, elle apercevait une flamme au-dessus d'un mât où s'enflait une voile triangulaire.

Elle restait là jusqu'à ce que le soleil tombât dans les flots, indifférente aux voix troublantes de l'ombre, au ressac qui choque les galets avec un bruit de chaînes, aux plaintes du vent dans les aspérités des rocs, semblables à des soupirs d'âmes en peine...

Elle y restait, surtout, les nuits de lune... D'Houat, de Belle Ile, de plus loin encore, Almanzor, en ces nuits claires, avec un seul matelot, dans une petite barque poussée par une grande voile, qui rasait la mer, telle une mouette, venait parfois.

Cette grotte était leur temple... puis ils erraient sur la plage, dans la poussière d'argent des paillettes de mica arrachées par les pluies à la falaise, et, quand le chariot tournait dans le ciel, Almanzor regagnait son vaisseau.

Un matin, de grands navires, des voiles ennemies, sillonnèrent la mer... Des coups de canon retentirent, des heures durant, puis la nuit vint... et plus rien.

Des semaines s'écoulèrent encore ; la lune, toute une époque, gravita dans le ciel, éclairant les flots, invitant au débarquement.

Le voile triangulaire ne se montrait plus... Almanzor, pas davantage.

— Il aura coulé, pensait Rosita, angoissée.

Quand même, chaque jour, tant elle aimait, la jeune épouse revenait à la côte, par tous les temps, par les embruns qui meurtrissaient son délicat visage, et les coups de soleil qui le brûlaient.

Elle avait promis sa robe de mariée, une lourde

étoffe de Brousse, et sa couronne enrichie de diamants, à la Vierge d'Oviedo, sa patrie, une vierge miraculeuse trouvée dans la mer, par des moines...

Enfin, elle allait, désespérée, revêtir la livrée des veuves, regagner son pays, s'ensevelir dans un couvent pour y pleurer à l'aise, lorsque, un soir, une voile parut, derrière Dumet !

Son cœur trembla... Elle s'avança de quelques pas, pour mieux voir... et faillit rouler de la falaise.

C'était lui !

Le vaisseau piquait droit à la pointe, s'enlevait et retombait entre deux vagues, car la mer était grosse, rebroussée par le vent de terre, le vent de Guérande.

Le navire, enfin, s'arrêta et présenta son flanc. Une barque s'en détacha, montée par un seul homme, que Rosita reconnut de suite, à son justaucorps, à sa toque ornée d'une plume.

Alors, le voyant seul, elle songea à la mer mauvaise.

— Oh ! l'imprudent ! murmura-t-elle.

Elle s'agenouilla sur la pointe extrême de la falaise, belle à ravir sous sa chevelure défaite qui flottait, comme un voile, les mains jointes, dans l'attitude de la supplication.

Tour à tour, elle invoquait la Vierge d'Orviedo et suppliait la mer.

Mais la Vierge était loin, ou sourde, ou inexorable aux amoureuses — elle ne l'entendit pas, ni la mer qui hurlait davantage, furieuse qu'un mortel osât la braver sur une barque aussi frêle.

Almanzor approchait ; il vit Rosita et cria :

— J'arrive, mon cœur !

Quelques coups de rames, encore, et il atterrissait.

La mer, à cet instant, parut s'apaiser.

— Merci, bonne Vierge, fit la jeune femme, en se relevant.

Apaisée, la mer!... Elle s'enroulait sur elle-même avec des replis de serpent énorme, en lames hautes comme des maisons... puis, soudain, ces lames si hautes, repoussées par celles du large, retombèrent, sur les rocs, avec le bruit d'une tour qui s'écroule.

Rosita vit la barque tournoyer, s'affaler, remonter encore... Puis la mer, qui se jouait de l'embarcation fragile, la lança sur la pointe là où les récifs sont si nombreux qu'ils forment une ligne profonde d'écume.

Affolée, elle cria, par trois fois :

— Almanzor !

Tout avait sombré!.. Plus rien, sur l'onde éclairée d'un dernier reflet de l'occident, que des planches que les flots s'acharnaient à ramener pour les émietter.

Le grand navire avait repris le large.

. . . .

Le lendemain, vers le soir, les Espagnols abordèrent, inquiets de la longue absence de leur chef; de Piriac à Pen-Hareng, ils explorèrent la côte.

La mer, satisfaite, avait rejeté les deux cadavres ; et le flux les avait roulés vers la pointe.

Chose étrange : la mort avait réuni les jeunes époux. Almanzor avait le bras gauche autour de la taille de Rosita.

Ils furent, dit-on, ensevelis, à cette place, sous le rocher à forme d'autel.

Quand luit la lune, que l'onde porte d'argent, des paysans, en revenant de la Turballe, ou des pêcheurs qui rentrent avec la marée, ont vu les amants — Almanzor en justaucorps et Rosita dans une longue robe blanche — errer sur la grève, de la pointe à la grotte...

⁎⁎⁎

A grands pas, d'un roc à l'autre, puis arpentant la grève, le docteur vient à moi.

Il m'a vu, sans doute, de Piriac, sur le talus de Castelli.

— Ecoutez donc... quelle histoire !
— Celle d'Almanzor ?
— Almanzor... au diable... Kerkadec s'est noyé !... On l'a retrouvé, à marée basse, sous l'île Dumet. Il avait entre ses doigts crispés une poignée d'algues, ces algues noirâtres, qui ressemblent dans l'onde à des cheveux de femme... Cette vieille, sur les marches de l'église, c'était sa mère... Il parlait trop souvent de Reinette, ces temps derniers... J'ai ramé des années dans sa barque, qui était la mienne... Je vous quitte pour le veiller...

Puis, ses yeux dans les miens :

— Dites... pensez-vous qu'ils soient réunis, Reinette et Kerkadec, maintenant ?

— Hum !... hasardai-je.

Richaume est de Carhaix-en-Poher de Cornouailles. Sous l'écorce du savant, il y a l'âme bretonne ; il répondit :

— Je le crois, moi !

Il redescendit le sentier à pic, en répétant :

— Sûrement, ils sont réunis.

Lors, n'ayant plus rien à faire à Piriac, j'ai coupé un bâton de houx et j'ai mis le cap sur Guérande.

XVI

VERS GUÉRANDE.

La poésie charmante des soirées de Bretagne — à l'heure presque crépusculaire... quand le soleil, dans un nuage de pourpre, tremblote au-dessus de la mer... quand se redressent, à sa dernière caresse, les ajoncs et les herbes, quand s'alanguit la nature à la lumière qui s'en va — qui, fidèlement, la retracerait ?

La mer... je la quittais, le cœur gros... J'aurais voulu l'attendre à revenir du haut des talus gazonnés de l'ancien fort, m'assurer si reparaissent, durant les nuits sereines, la Dame blanche et son cavalier, errant du Tombeau à la Grotte.

Je grimpai sur un roc, comme la veille, pour la revoir encore — et ce n'était plus celle, sombre et farouche, de la pointe du Croisic. Elle était rose, et violette, et verte, et le ciel, par dessus, avait les mêmes nuances — adoucies.

Toutes ces couleurs s'appâlissent, se meurent — et je marche vers Guérande, vers la nuit, par la route qui n'est plus bientôt qu'un mince ruban blanc.

Alors — comme pas un murmure, pas un souffle, ne troublait le silence, à peine le bruit de mes pas, dans la poussière — m'est revenue, parcelles par parcelles qui se réunissaient et s'ajoutaient, telles les perles d'un collier, l'histoire de ce pays qui s'appelait, il y a bien longtemps, *Bro-Waroch*.

Cette péninsule est la terre la plus antique de l'Europe, la première qui surnagea — et c'est peut-être cette antiquité qui la rend mélancolique et lui donne cette poésie discrète des vieilles choses...

Ce que j'en veux dire tiendra en quelques lignes.

Les Celtes, venus de l'Asie, avec des armes de fer, en firent facilement la conquête sur les hommes qui l'habitaient, ouvriers de la pierre polie, et lui donnèrent le nom d'Armorique qui signifie : baigné par la mer.

Puis, César la soumit en une seule campagne. Les Romains, à cause de la mer, aimaient cette contrée ; on y comptait plus de quarante voies et quantité de villes et de villas. Cent ans après la conquête, on y parlait latin, on y vivait à la mode romaine.

Les Celtes, vaincus, mais non soumis, avaient fui les vainqueurs, gagné les îles, et, au V⁰ siècle, ce pays était le moins peuplé de la Gaule romaine.

Rome s'affaiblissait.. alors se produisit une nouvelle invasion.

Repoussés par les hommes du nord — *north mans* — qui s'essayaient à la piraterie et s'élablissaient dans les pays conquis de climat moins rude, les habitants de la Grande-Bretagne, Celtes aussi, *Britoniens, Britons* ou *Bretons*, fuyant à la recherche d'une nouvelle patrie, s'arrêtèrent sur cette proue du continent, dans les criques faciles à la descente.

Évangélisés déjà, leurs chefs étaient souvent des abbés ou des moines, qui tous, sont devenus des saints. Ils s'appelaient Brieuc, Gwénolé, Tugdual, Thégonnec — Saint Gildas, l'historien de ces temps, dont les ossements, deux siècles plus tard, devaient reposer en Berry, près du Château-Raoul.

Survenant toujours, pressés par les Normands, arrêtés au passage par leurs frères déjà établis, les Bretons s'y fixèrent en grand nombre et se divisèrent la presqu'île : la Cambrie, la Domnonée et la Cornouailles.

Ces bretons, issus de Celtes, avaient le caractère de la première race envahissante. Ils étaient agiles et braves, incomparables cavaliers, aimant, après le bruit des armes, les arts, la musique, la danse au son des harpes.

Comme les Gaulois, ils étaient légers, prompts au découragement, et, surtout, superstitieux.

L'Armorique se couvrit de chapelles, de monastères, d'abbayes... Tel couvent comptait deux mille moines et moinillons, toute une tribu d'humeur guerrière, délaissant volontiers le chapelet pour la lance.

Chaque village *(plou)* avait son chef de bande *(machtiern)* pour repousser l'envahisseur d'où qu'il vînt.

Et l'on bataillait ferme, sur la presqu'île, contre

les Normands et l'étranger, entre voisins, pour agrandir le territoire du *plou*, ou, simplement, pour la gloire !

Au VIe siècle, ce pays de Guérande s'appela Bro-Waroch, du nom d'un redoutable chef de clan qui pilla Nantes à la barbe des rois Mérovingiens.

C'est alors, après Charlemagne, que parut un guerrier extraordinaire, Noménoë qui, le premier, commanda à toute la Bretagne.

Deux fois, avec son fils Erispoë, il battit Charles-le Chauve.

Mais, chose étrange, le bas peuple, les gallo-romains, asservis, détestaient leurs maîtres : un pâtre livrait aux gens de Charles deux soldats bretons égarés.

Vinrent les invasions régulières des Normands.

Erispoë et son frère Salomon les repoussèrent d'abord, mais les forces bretonnes se divisèrent : Salomon, qui avait tué Erispoë à l'église, fut assassiné lui-même par Gurwand, seigneur de Rennes.

Salomon-le-Magnifique... Je chemine avec cette légende que m'a racontée autrefois un vieux marin de Roscoff.

Après le meurtre de son frère, Salomon, poursuivi par le remords, un cavalier qui vous saute en croupe et qu'il n'est guère facile de désarçonner, eut des rêves effrayants.

Des démons le tiraillaient et cherchaient à l'entraîner vers un brasier ardent où gémissaient déjà, se démenaient, piqués de la tarentule, la foule des damnés : les homicides, les régicides, les fratricides et autres meurtriers, nombreux, paraît-il, en ce temps.

Il s'éveillait, haletant, les cheveux en l'air, la bouche pleine de l'odeur du soufre.

Il avait beau mettre sa lourde épée à son chevet, des hommes d'armes à sa porte... chaque nuit, les démons revenaient...

Son chapelain, gaillard avisé, lui conseilla de doter les monastères, d'embellir les églises, de...

Salomon en dota, en fonda d'autres...

A celui renommé de Redon, il donna un calice d'or, d'un travail merveilleux, orné de trois cent quinze pierres fines, une patène rehaussée de cent quarante-cinq diamants, une chasuble d'or, des prés, des champs, tout un territoire...

Il envoya au pape une statue d'or de grandeur humaine, des étoffes, des peaux, des vêtements sacrés qui resplendissaient sur toutes les coutures.

Et le rêve revenait encore, implacable; et Salomon dépérissait.

Il s'en fut trouver, au fond des bois, un solitaire, qui avait une grande réputation de sainteté, et lui confessa son crime.

Le vieillard prit une coupe, une modeste coupe d'argile dans laquelle il buvait, et dit au Magnifique:

— Quand tu auras rempli cette coupe, ton songe disparaîtra et tu seras pardonné.

— Qu'on l'emplisse avec de l'or! s'écria Salomon.

Mais l'or ne voulait pas entrer dans la coupe et les serviteurs ne purent la remplir.

Il la saisit lui-même et courut à la source... et la source, de suite, se tarit.

Il s'en fut au ruisseau, et le ruisseau s'éloigna.

A franc étrier, il galopa vers la mer... et la mer se retira.

Alors, il revêtit la bure du pèlerin et partit pour la Terre-Sainte, où coulent des fleuves sanctifiés.

Le Jourdain s'enfuit à son approche.

S'enfuirent de même, se dérobant, ou se séchant, toutes les fontaines révérées où s'étaient désaltérés le Christ et ses disciples, celles aussi où buvaient les Infidèles.

Désespérant, il revint chez le Solitaire.

— Reprends ta coupe, lui dit-il, je n'ai pu la remplir.. hélas!

Ce disant.. il pleurait. Sa larme, la première qu'il eût versée, tomba dans la coupe, et la coupe fut pleine jusqu'au bord!

— Tu es pardonné, ô chef superbe, fit le Solitaire; que désire notre Père du ciel... de l'or... quand toute la terre lui appartient?

Ainsi me conta le marin de Roscoff.

***

Les chiens de Saint-Sébastien, un grand village que je traverse à la brune, m'ont conduit à mi-chemin de Trescalan, ceux de Trescalan, à mi-chemin de Clis.

Des myriades d'étoiles scintillaient sur ma tête, dans le firmament assombri; plusieurs, devant moi, étaient bleuâtres et violettes; d'autres sombraient doucement, sous l'horizon... Dans les pins et les peupliers mièvres, la brise chantait et lutinait les feuilles sèches... Avec la houle lointaine de la mer autour des rocs du tombeau d'Almanzor... on eût dit d'une harpe de géant, qui s'accordait.

Je me suis retourné, appuyé à mon bâton de houx... Très loin, apparaissait et disparaissait le feu du Four... Après qu'il avait disparu, une flamme tremblait encore à la cime des flots...

Soudain, j'ai songé à Kerkadec et je suis parti.

Avec d'autres chiens, voici Guérande, sur sa hauteur, drapée dans le manteau d'or de la nuit.

Je retrouve, à gauche, avant le faubourg, le champ de course où les paludiers, une fois l'an, en costume du temps de Bro-Waroch, montent, en hardis cavaliers, les chevaux fringants qu'on élève à Belle-Ile en mer dans les vallons où les embruns déposent le sel.

La ville dort, derrière sa triple ceinture d'arbres, de fossés et de remparts...

Mes pas résonnent sous l'arc triomphal de la porte de Saillé, et je vais, par la rue étroite, facile à barricader, en quête d'un gîte.

Une cloche retentit, je ne sais où... et des lumières s'éteignent. On croirait qu'on sonne encore le couvre-feu, ici.

Ce refrain des Huguenots me monte aux lèvres :

> Dormez, habitants de... Paris
> Tenez-vous clos, en vos logis
> Que tout bruit meure,
> Quittez ce lieu
> Car voici l'heure
> Du couvre-feu !

XVII

GUÉRANDE.

Dan emgan... au combat !

Que de fois, dans tous les démêlés de Bretagne, avec leur duc contre le roi, avec le roi contre leurs seigneurs, contre les Normands et les Espagnols, de Nominoë au traité de 1365 et aux Etats de Bretagne, les habitants de Guérande — la Grannona des Romains — poussèrent ce cri de guerre ?

Dan emgan... Au combat ! Et le fameux *Terr i ben* ... Casse lui la tête !

Avec Jehan de Musullac, ils portèrent leurs armes à Bordeaux ; ils dégagèrent François II enfermé dans Nantes, « braves sur terre et sur mer. »

J'ai feuilleté les notes sur Guérande (*Notes pour servir à l'histoire de Guérande. Extrait du Guérandais*), mais, hélas ! si intéressantes et joliment rédigées qu'elles soient, je suis un passant.. On m'attend à Batz, et j'ai laissé le livre pour parcourir la ville.

Comme le soleil dorait les tours, j'arrivais devant la Collégiale de Saint-Aubin.

L'extérieur est un peu celui de l'église de Batz, mais plus coquet, plus raffiné — moins la haute tour.

Une chaire en pierre se dresse, au-dehors à droite de la double porte, et, tout de suite, j'y vois un prédicateur, un Abbé du couvent de Saint-Yves dont l'auteur des *Notes* nous sert complaisamment la liste depuis Dom Jehan Langlan, par Guilbernus, et le révérend Mancel, humble et dévot religieux, jusqu'à Adam Beauregard, en 1792...

Ces Jacobins — J'ai sous les yeux les *Extraits du Guérandais* — ne s'entendaient pas toujours avec les membres de la confrérie — la confrérie de Saint-Aubin. Les confrères expulsaient de temps en temps les moines de leur Société.

Un certain Dom Laurent, prévôt, fut exclu comme *vagabond*.

La discorde s'installait surtout aux processions, aux belles processions guérandaises où Couvent et Chapitre rivalisaient d'étalage.

Les deux « Compagnies » avaient à leur tête une croix magnifique. L'une portée par le bedeau de la Collégiale, l'autre par un frère convers.

Mais laquelle devait marcher la première ?

Guérandais et Guérandaises se divisèrent en deux camps dont l'un tenait pour les chanoines, l'autre pour les moines.

On vit l'épouse suivre le bedeau, et l'époux se ranger du côté du frère lai...

Que de divorces, si Naquet eût vécu !

On en référa à l'évêque, mais qu'est un évêque pour imposer des lois à des « Hommes de paix ? »

On en référa au Pape — et le Pape lui-même fut impuissant à régler la question.

Puis arriva la fin du siècle dernier, et ce que l'auteur appelle « La persécution révolutionnaire » mit tout le monde d'accord en dispersant moines, moinillons et chanoines.

Mais pénétrons dans la Collégiale. Ah ! mon antiquaire serait à l'aise, ici !

Trois nefs séparées par des colonnes, chapiteaux romans, baies à meneaux flamboyants, triforium, trilobé, vitraux anciens et modernes.

Plusieurs de ces chapiteaux sont singulièrement fouillés : Homme, sur une roue, scié par deux personnages, peinant et suant ; diables et diablotins soufflant sous un gril où se tord un damné... Visions de Salomon !

Seigneur, puis évêque, mort à quatre-vingts ans, Saint-Aubin, patron de cette église, qui, de son vivant, aimait les Guérandais, les protégea encore après sa mort.

Ses miracles sont gravés sur les vitraux :

C. S. Aubin délivre ung possédé et le guérit de la cécité corporelle

C. S. Aubin délivre Etberte et fait mourir de son souffle ung soldat.

C. S. Aubin résuscite ung jeune homme nommé Malabord.

C. le corps de Saint-Aubin fut transféré et opéra plusieurs miracles.

C. S Aubin apparut aux Guérandais et les délivra des Normands et des Danois.

Pends-toi... Robert-le-Fort !

De l'autre côté, je transcris :

Come. le roi que servait Julien (!) lui fait épouser une Dame veuve.

Como. par méprise et erreur croyant à ung crime, Julien tua son père et sa mère.

C. S. Julien ayant trouvé un homme qui se mourait de froid, le porta dans son lit.

Como. S. Julien panse un malade et le met dans son lit.

C. S. Julien et sa *fems* pleins de bonnes œuvres et d'aumônes reposèrent en Notre-Seigneur.

Plein de bonnes œuvres... Il avait tué son père et sa mère ! Quel est ce Julien ?... Passons ?

Puis, dans l'une des chapelles, la vie de saint François d'Assise :

Comme il prêche l'amour de Dieu aux oiseaux.
Comme il reçoit les stygmates.
Comme il vient vers le Soudan.
Comme le pape voit en songe que le saint sera l'appui de l'Eglise, etc.

Et Pierre : *tu es Petrus !* Ne l'es-tu donc plus ?

Comme ceux dont les ancêtres entraient en rampant, tremblant la peur, dans les forêts sombres où les Druides sacrifiaient ou cueillaient le gui devaient, au siècle dernier, s'agenouiller avec ferveur devant tant de miracles éclatants, devant ces fronts auréolés d'or, cette savante mise en scène.

Adorez ce que vous avez brûlé et brûlez... toujours la même chose, depuis Clovis dont on relatera bientôt les exploits dans de belles verrières.

Qu'importe... cet ensemble est imposant, même au soleil ; — il doit être troublant lorsque le soir tombe...

Par une porte pratiquée dans la muraille du sud, on pénètre dans une crypte qui renferme l'enfeu des de Carné.

Les deux époux sont étendus, roides, dans des robes sans pli, sur les dalles.

Au-dessous des écussons : *d'or à fasces de gueules,* s'étalent les épitaphes, pompeuses toujours : « Cy-« gist tre noble puissant Seigneur Tristan de Car-« né, en son vivant chevalier chréditaire, premier « maitre dostel des ducs de Bretaigne...

« Cy-gist tre noble et vertueuse dame Madame « Tenne de La Salle... dame de Carné de la Touche « Carné de Colignac Cremeur... laquelle trépassa « lam 1526... Dieu lui fasse miséricorde... »

... Oui !

En ce pays de Révérends et Révérendes, de Jacobins, Moines, Ursulines et le reste, les chapelles ne manquaient point. Beaucoup sont en ruines ou désaffectées.

Notre-Dame-la-Blanche — l'Immaculée, sans doute, — a été restaurée.

Elle s'ouvre sur une petite place. On y arrive par des rues du moyen âge, ombreuses et étroites, des rues endormies, où l'herbe pousse entre les pavés.

Des scènes de la vie du Christ et de sa Mère, sur les vitraux, une chaire moderne, Notre-Dame-de-la-Salette, deux ex-voto... et c'est tout.

A gauche de l'entrée se lit l'inscription suivante en lettres gothiques : « L'an MCCCXLVII — Jehan « de Montfort, duc de Bretaigne, a édifié cette église à l'honneur de Notre-Dame-la-Blanche. »

De l'autre côté, en capitales :

Vendue nationalement en 1796.

Restaurée, en 1853...

En ville et dans les faubourgs, on retrouve les restes de la chapelle Saint-Jean, celle du couvent des Jacobins, de la chapelle Saint-Michel, des Ursulines, etc...

Depuis la Révolution plus de Jacobins, plus de chanoines à plusieurs mentons, plus de moines promenant d'énormes bedaines, du saulnier chez le vigneron, plus d'Ursulines, saintes filles, je l'accorde, glissant par les rues, « fraîches comme pommes d'api » — plus, hélas ! de ces longues processions à dérouter Tintorix, où les femmes suivaient le carme et les hommes le bedeau.

La Révolution, 1789, ce grand coup de soleil dans la nuit de la servitude, apparaît encore, ici, comme une époque néfaste... La lumière marche cependant, car, dans ces rues d'un autre âge, éclate la profession de foi d'un candidat... républicain !

Chanoines d'antan, pendez-vous avec Robert !

Cette cité mélancolique, on l'aime tout de suite, comme on aime les vieilles choses, les vieux manuscrits, les vieilles fleurs retrouvées entre les pages d'un vieux livre.

On a essayé de redresser des rues, d'élargir des places.

Auprès des vieilles demeures à pignons et à encorbellements, d'autres se sont édifiées, dans le goût du jour, mais, malgré tout, Guérande, entre ses murailles, a conservé sa physionomie antique et fait songer à ces villes, mortes au monde, où errent des cornettes silencieuses.

Le soleil monte, le doux soleil de *Bretaigne*.

Des femmes, qu'on dirait descendues d'un tableau, tricotent ou quenouillent sur un seuil attiédi, parlant à voix basse... Plus loin, un sabotier enjolive de vermillon ces sabots à bouts relevés semblables à ceux que mettent, les jours de pluie, les houris du sérail... Les rares passants marchent sans bruit, sans tourner la tête... Une cloche tinte, annonçant une prière quelconque...

La vie bruyante, active, est réléguée dans les faubourgs populeux de Bizienne et d'Armel.

— Et pourtant, monsieur, me dit une veuve qui tient librairie en face de la Collégiale, notre Guérande se défait, s'en va... Ah! si vous l'aviez vu autrefois!

Elle essuie ses bésicles et continue pendant que je passe l'inspection de sa librairie, un peu ancienne aussi :

— La rue de Saillé n'est plus la rue de Saillé... Et la place Mortuaire, et celle de la Psalette, et celle de Sainte-Anne ! Si mon défunt n'était pas mort, nous avions rassemblé des documents... qui dormiront longtemps.

Ils dormiront toujours.

Il n'y a plus à décrire Guérande ni ses environs.

Il faut voir l'antique cité, fièrement drapée, comme un caballero d'Andalousie, dans ses dépouilles opimes : les frondaisons rouillées et l'enceinte grise. Longtemps encore, elle restera morne et morte, mélancolique au visiteur.

Encore une fois, mes pas résonnent dans la rue, sous la porte de Saillé — et, tout à coup, après l'ombre, c'est du soleil ; après le recueillement, de la vie.

Sur le Mail, la brise vagabonde en tièdes effluves.

Après le plaine profonde où resplendissent les mulons de sel, des villages s'étagent sur le coteau, puis Batz et le Croisic, et, tout au fond, une ligne d'un bleu ardent sous un ciel plus pâle.

XVIII

SAILLÉ.

La route, qui conduit à Batz et au Croisic, contourne le coteau de Kramaguen, laissant à droite le rocher de même nom qui a fait couler, d'encriers savants, des flots de bonne encre.

Les archéologues se sont escrimés après ce roc — et la question, naturellement, de mémoire en mémoire, s'embrouille. Comme le roc d'Almanzor, en Castelli, comme nombre de pierres levées, le rocher de Kramaguen garde son secret.

Idole singulier d'un peuple *nature*, alors qu'une grande ville, rapporte-t-on, s'élevait en ces lieux, quand, sur ce sentier, le Celte allait en mocassin, ou que le jeune chevalier, sur son léger quadrige, croisait la matrone en litière, frotté, tout bonnement, par les rafales, évidé par la goutte lente, carrière où les Vénètes taillaient des ancres ou des meules... La question n'est pas près d'être tranchée...

Après de maigres prairies tapies au creux des

vallons et de languissantes cultures, le marais commence, alimenté par le traict du Croisic, une plaine en cuvette que la mer a délaissée, coupée, çà et là, de fossés profonds, surmontée de mamelons indiqués par des arbrisseaux aux rameaux échevelés au bout desquels pendent des feuilles grises.

Partout, sur ces mamelons — des îlots, sans doute, au temps lointain, — on retrouve les céramiques indicatrices de l'occupation romaine.

A l'endroit dit le port Congor, plus au nord, on visite des fours bien conservés.

A Pradel, à Queniguen, au delà de Rouzet, la charrue ramène à la surface des débris de poterie, des monnaies aux effigies impériales, des restes de mosaïque, des pierres de petit appareil.

.*.

Au delà de Kermaguen, j'ai fait rencontre du bon compagnon de voyage, pas trop causeur : un vieux, en bottes à semelles de bois, en blouse courte, au chapeau à longs poils, d'où pendent les rubans qui flottent.

Il avait dû être de certaine taille, mais il était cassé, rapetissé, et allait tout branlant, par enjambées régulières, appuyé sur un beau brin de cormier qu'il manœuvrait à la façon d'un harpon.

Il tirait sur une petite pipe en terre qui avait sa place toute faite dans la commissure des lèvres.

— Allumez donc, lui disais-je.

Il allumait, aspirait deux ou trois coups — et laissait la pipe s'éteindre, par économie, sans doute.

Ces bretons, à l'abord facile, qu'on rencontre sur les chemins, n'ont l'air de rien, ne payent pas, comme on dit, de mine. Le premier sentiment est de la compassion pour leur timidité, mais il arrive, presque toujours, que ces vieux ont roulé leur bosse dans les deux hémisphères.

Le mien, qui était de la Madeleine, en Guérande, n'avait fait le tour du monde que — deux fois.

Il connaissait Pékin comme sa poche et les côtes des océans presque aussi bien que le marais. Il avait vu, dans l'Inde, les derviches tourneurs et hurleurs, les Assaouas et les Nyam-Nyam, en Afrique, les Fuégiens, les Lapons et les Alboches.

— Pensez-vous, lui demandai-je, que cette vallée ait été baignée par la mer, que des villes, des villas et des castels aient couronné ces mamelons et ces coteaux ?

— Baignée par la mer !... je n'en sais rien, mais, à coup sûr, il y avait des villes et des châteaux... Il y a, d'abord, les débris de tuiles, les murailles, et, mieux, les revenants, monsieur... Les morts reviennent, c'est prouvé, aux endroits où ils ont vécu. En rentrant du Croisic, en allant à Roffiat où j'avais une amoureuse, j'en ai vu bien des fois. Des uns tendaient des arcs vers la lune, des autres portaient des épées ou secouaient des chaînes... D'autres encore, des femmes ou des filles, filaient sans bruit, au ras du sol, en robe blanche. Je me signais, et tout s'évanouissait, comme un brouillard enlevé par le vent... Et c'est même chose, en mer, voyez-vous. En travers des Açores, par un minuit clair, j'ai vu, sur l'eau, tout l'équipage d'un navire qui avait coulé là... J'ai pris peur et j'ai fermé les yeux, mais Gouël, mon matelot, a pu compter les naufragés ; il a même reconnu le capitaine qui levait le bras ayant l'air de commander : « Les enfants, à la chaloupe ! »

— Ce Gouël... hasardai-je, en souriant.

— Gouël, monsieur, n'avait pas froid aux yeux. Dans l'Inde, en Afrique, partout... chaque pays a ses revenants. Tenez, à notre gauche, nous avons le Château-du-Diable. Allez-y coller votre oreille à terre, à minuit, et vous entendrez des cris, des pleurs, des grincements, le sabbat... Le Mauvais, quelquefois, apparaît en personne, sous l'habit d'un beau seigneur, pour tenter le pauvre monde... Sur ce, monsieur, je vous salue. Je vais au Croisic, et c'est plus court par le marais...

Je songe, seul, en foulant les talus doux aux pieds, en regardant la plaine douce aux yeux, que ce vieux marin, tout à l'heure, se moquait des Hindous des bords du Gange qui offrent leurs poitrines aux fers de lance et se laissent écraser par les roues du char de bouddhas ridicules et autres dieux ventrus...

Je revois son regard, très dur, quand j'ai osé sourire.

Et il a fait le tour du monde — deux fois !

Je comprends, maintenant, pourquoi la si triste veuve de Batz espère que la Mer lui rendra son homme au quatrième voyage à Notre-Dame-d'Auray, pourquoi les femmes de la Brière tournent leurs yeux vers le ciel, pourquoi, aux messes de Noël, les routes se couvrent de paysans portant « morue parée, bon vin de Pornichet, dindons » et le reste, pourquoi, encore, éclata l'insurrection des chouans, pourquoi, enfin, notre Révolution est ici, exécrée et maudite !

Dans chaque village, de l'embouchure de la Loire à celle du Trieux, le tableau des veillées d'hiver, le voici :

Dans un coin du foyer, où pétille la résine, le conteur est assis. Il se penche, de temps à autre, pour mettre une braise sur sa pipe... Les hommes sont en cercle, en arrière, presque dans l'ombre... On ne voit d'eux que les yeux qui luisent, aux péripéties du récit, sous les grands chapeaux... Les femmes sont presque agenouillées et se resserrent, effrayées... Si, par hasard, un chien aboie à la lune, si passe dans l'air l'appel d'un corbeau égaré, si la porte s'ouvre sous une bourrasque soudaine... tous et toutes se signent.

Voici le gros bourg de Saillé, au milieu des tas de sel, mulons immaculés de la récolte quotidienne, mulons grisonnants, ou recouverts de gazon, de l'an passé.

Une odeur de violette parfume l'air, et, par envolées, des senteurs marines, algues, varechs et goëmons...

Tous sont sauniers et paludiers, ici, depuis... toujours...

Par ce soleil à son zénith, les œillets étincellent. Ils resplendissent, entre le talus des vasières, en losanges et quadrilatères réguliers, tels des vitraux tombés du firmament.

Avec le grand râteau, les hommes attirent le sel — et les femmes, hardiment retroussées, la jède sur la tête, trottinent, lestes et gracieuses, sur les étroites jetées.

Cette allure, à la fois élégante et souple, qu'envierait une châtelaine, cette façon même de se retrousser, de porter la jupe, ce quelque chose de noble et de naturel dans la tournure et la coiffure... on songe, de suite, qu'on a vu, ailleurs, de pareilles femmes... dans des vitraux, sur des toiles de maîtres, entre les pages d'un missel ou de vieilles estampes...

Respectueusement, presque ému, je salue l'une d'elles, malgré son déshabillé. Elle est grande, robuste — et belle. Avec quelle grâce elle replace sous le filet les ondes de son opulente chevelure où le bleu se marie au noir !

— C'est dur, par ce soleil ?
— Dur... oui, mais il faut bien.
— Combien gagnez-vous par jour ?

Elle m'explique qu'elle doit porter dans l'année le sel de tant d'œillets, à tant l'un, et qu'elle a droit, en plus, au sel fin de la surface.

Ainsi que ses cheveux, ses yeux sont d'un bleu sombre, profond et doux... Tout est achevé, parfait, en elle, depuis les pieds, fins et cambrés, semblables à du bronze nouvellement doré, jusqu'aux traits du visage d'une régularité de camée antique... Un statuaire ne saurait mouler un buste mieux pris et plus souple... Sa voix est douce, aussi, d'une douceur qui trouble...

Elle s'éloigne... c'est une belle statue qui marche.

En ce tout petit coin de terre, la race s'est conservée pure. Quelle race ?... Ni Saxonne, ni Celte... celle, sans doute, du Latium.

Quand le sel ne se dépose pas suffisamment, de par le mauvais temps, quand le père chôme, les filles vont se louer, du Croisic à Saint-Nazaire, mais toutes reviennent se marier au village.

Si belles... elles sont encore travailleuses et sages. Il n'est pas d'exemple, ou si rare, qu'une fille ait sauté ou se soit mariée hors de la commune.

Jusqu'à nos jours, paludiers et paludières avaient conservé le costume pittoresque qui les faisait jolis et jolies, mais, selon la parole de mademoiselle Adèle Pichon et de la libraire de Guérande : le passé s'en va.

XIX

EN MER.

Installés, à six, dans la barque blanche rechampie de rouge, nous attendons que le flux nous emmène...

La mer, étale, est immobile... Soudain, recommence le clapotement des petites lames, le long des quais ; le flot se retire, doucement, puis très vite .. Un coup d'aviron nous rejette en arrière... Nous partons.

Le traict du Croisic s'amincit déjà, et, par contre, la lagune de Pen-Bron s'agrandit.

Poussée par les seuls anspects, la barque va lourdement, dans les chambres et la passe; le courant l'entraîne au milieu des récifs que signalent des bouées... mais, la jetée doublée, le capitaine commande :

— Hisse la grand'voile, amène le pavillon.

Le pavillon ! — Eh oui, donc ! — Les trois couleurs s'éploient en haut du mât, claquant gentiment dans le bleu tendre du matin...

Pas un souffle sur nos joues, pas de quoi « soulever les frisons d'une jeune mariée, » dit le matelot, et, cependant, la voile se gonfle, le remous parlotte à l'étrave, un remous couleur du ciel qui est verdâtre.

Le youyou, comme un caniche fidèle, suit à l'arrière.

Le capitaine allume un cigare et se prononce :
— Mer d'huile, tout le jour... Attention, matelot, le soleil s'enlève, prends un ris.

Il parlait encore, que les flots, de vert, se colorèrent de rose tendre, et l'horizon recula.

En même temps que la lumière, un souffle courut sur la mer, et la barque, comme un cheval piqué de l'éperon, essaya de se cabrer.

Elle filait, penchée à babord, et le youyou, par derrière, se démenait et bondissait.

Mer d'huile... Nous tanguions, tout de même.
— Prenez donc un cigare ?
Je répondis : — Merci.

Pendant qu'ils ramenaient des *plons*, avec de longues lignes, et des maquereaux aux écailles vieil or, je m'accoudai sur l'avant, les yeux sur la mer allumée, sur les lames qui berçaient des oiseaux blancs.

Dans l'onde verte à sa surface, glauque dans ses profondeurs, des méduses se balançaient reflétant la couleur de l'eau, des goëmons dressaient leurs pointes éperdues, des chiens de mer se poursuivaient.

Ceci me parut étrange : A mesure que le soleil montait, l'espace perdait de sa clarté, s'obscurcissait... Nous marchions dans le vide, dans un grand cercle de vide... Le soleil ne se reflétait plus que sur notre voile, sur le pavillon, sur les toiles des autres bateaux qui évoluaient autour de nous... Un grand navire passa, piquant de l'ouest ; il semblait suspendu entre ciel et terre, plus près du ciel...

Alors les autres, les pêcheurs enragés, se turent et le capitaine dit :

— C'est plus fort que moi, j'éprouve toujours un instant d'émotion en reprenant la mer... Plus de brise, déralingue le ris, matelot... Messieurs, un verre de vin blanc, de celui cher à l'abbé Picot, de gastronomique mémoire.

Nous bûmes à la mer jolie, à la pêche future.

La pointe du Croisic, à notre arrière, s'effaçait. La Turballe, Lérat, et d'autres villages n'étaient plus que des taches blanches, le cap de Castelli, un nuage immobile qui s'enfonçait.

Notre barque était si petite, en ce grand cercle... j'étais un peu ému.

Mais le Four se rapprochait ; sa jetée apparut, puis des galets, une colline de quelques mètres arrondie en forme de crâne.

— Messieurs, je vous présente la Calebasse... où nous aborderons et déjeunerons.

La barque, à cause de son tonnage, devait rester un peu au large — et, de notre descente sur le youyou, cette coque de noix, dites, vous souvenez-vous, mon cher Éditeur ?

La mer, à peu près calme au large, dansait autour de ces récifs — et elle était profonde.

Nous embarquions deux à deux, sur le frêle —

oh ! si frêle esquif — et le matelot qui voyait, le gaillard, nos joues pâlir et nos paupières trembloter, godillait à tort — combien à tort ! — et à travers.

En cinquante mètres nous avons failli boire à la grande tasse... cinquante fois.

Puis, ma joie sur les galets, si curieux, roulés, frottés, arrondis — celle aussi de retrouver la terre — la vôtre dans les bas-fonds et les rainures que la mer découvre quatre fois l'an.

Et ces cris, chaque fois que l'un de vous soulevait une roche : crabes, congres, langoustes, crevettes, etc...

Vous quêtiez, tous, le nez en avant, le panier aux reins, alors, moi, après les galets, j'ai ramassé des herbes.

Quelles variété d'algues !

Celles qui traînaient, à sec, étaient noirâtres, bonnes au râteau du mercantil, mais les autres, qui flottaient dans les flaques, étaient si jolies !

Elles avaient toutes les nuances de la moire, des couleurs fondues qu'aucune palette ne saurait rapporter ; elles eussent rendu jalouses les plus élégantes de notre Tout-Châteauroux — mais, hélas ! aussitôt sorties de l'eau, elles se flétrissaient, devenaient noirâtres, de vieilles choses, comme les autres.

Près d'une heure, à travers les flaques sournoises et les herbes qui cachent des crevasses profondes, à travers les redirs, les rochers et les galets qui coupent, sautant d'une pierre à l'autre, titubant, tel un homme bu, il m'a fallu près d'une heure pour arriver au pied du phare et me hisser sur la jetée.

La mer, qui refluait toujours, à grand train, découvrait un plateau immense, le plateau dont m'avait parlé le docteur, à Piriac, des lieues de brisants... Je croyais que c'était fini, et, tout à coup, dans le lointain, d'autres rocs surgissaient, et d'autres encore...

Un léger nuage cachait le soleil, et, davantage que dans la barque, encore, j'eus la sensation d'un grand vide... Il n'y avait plus rien, pour accrocher la lumière, plus rien que de l'eau qui s'en allait...

Par l'échelle de fer, un gardien descendit du phare, portant un seau de toile et un harpon.

Il parut un peu étonné de ma visite, puis, les bretons sont gens aimables, nous avons causé.

Je le suivais d'une roche à l'autre, dans des trous qu'il connaissait, car il passe les trois quarts de sa vie sur ces récifs, pendant qu'il pêchait, lui aussi.

Il vivent à deux, là-haut, dans la tour. On les relève, pour huit jours, tous les vingt jours... quand la mer le permet !... Sans ouvrage ? — oh ! non. — La nuit, il y a la lanterne à surveiller ; le nettoyage, le jour... Tout le mécanisme est en cuivre et les embruns apportent la rouille. Le lavage, du haut en bas. L'ordinaire n'est pas fameux : du lard et des conserves ; alors, à tour de rôle, par les accalmies, ils descendent pour pêcher.

Il captura un congre de dix livres — j'en fus fort heureux. — Puis, il lutta longtemps avec un homard blotti sous une roche, les pinces en avant, qui ne voulait pas troquer l'eau de mer contre celle de la marmite.

— Vous ne vous ennuyez pas ? lui demandai-je.

— Nous n'avons pas le temps, répondit-il.

Il m'apprend le nom des roches bizarres, vers l'ouest : la roche du Moine, du Capitaine, du Curé !

Cette dernière, en effet, affecte la forme d'un castor. Il y a une histoire, là-dessous, mais un peu salée, comme l'eau qui la baigne trois cent soixante jours l'an.

.˙.

La mer revient, à grand train encore, ourlant les récifs d'écume, grondant terriblement.

Les flaques d'eau, bientôt, sont des étangs et des lacs. Les algues, qui paraissaient séchées, ont reverdi à tout coup.

Toute une vie s'agite autour des roches — et les pêcheurs rallient la barque à grandes enjambées.

Nous déjeunons sur la pointe de la Calebasse...

Encore une heure, ce fut la mer de toutes parts. Plus de plateau, plus de récifs, plus de jetée en avant du phare... Des masses d'eau se cavalaient, autour de nous, de tous les points de l'horizon.

Quand le dernier de nous sauta dans la barque, qui avait de l'eau, maintenant, il n'y avait plus, sur l'îlot, qu'un mètre carré à sec... Une seconde encore, et il n'y eut plus rien ; une dernière vague l'avait inondé.

— Si nous visitions le phare ? proposa quelqu'un.

— Accepté.

Et, toutes voiles au vent, après une courbe pour serrer la brise, nous accostons à l'échelle de fer qui monte à pic.

L'un des gardiens est venu nous recevoir à la porte, une porte en l'air.

La barque amarrée, nous gravissons l'échelle.

Du dehors, le diamètre de la tour est assez long, mais les murs sont épais, et c'est à la queue leu leu, par un escalier sombre, dans le noir, que nous montons.

Le gardien, à mesure, nous explique :

— Premier étage, la soute au charbon ; la soute aux vivres et à l'eau ; la cuisine : un fourneau, une table d'enfant ; le dortoir, des lits de Lilliputiens... montez, messieurs...

Tout cela éclairé par des œils-de-bœuf, sorte de hublots.

Il fait chaud, en haut, sous le dôme en verre de la lanterne, nos fronts ruissellent pendant que le gardien nous donne des explications techniques sur l'appareil.

De la terrasse protégée par une grille, sur laquelle on n'ose s'appuyer, la vue embrasse, à l'ouest, un horizon sans limite, du bleu partout. Au nord-ouest, une terre jaillit de l'onde : Houat, Hœdik ; Belle-Ile est derrière, invisible d'ici.

La nuit, pourtant, les reflets de son phare électrique, comme de grands coups d'éventail, s'aperçoivent du Four.

— Penchez-vous, nous conseille le gardien, si vous aimez le vertige.

Il ajoute :

— Quand la mer est mauvaise, on dirait que la tour oscille.

— Et vous n'avez pas peur ?

— Si... j'ai eu peur une fois, l'an dernier, à la tempête du douze novembre... Les lames déferlaient par dessus le dôme.

Nous marquons notre passage sur un grand livre dont les pages ne sont pas près d'être remplies — et nous redescendons par l'échelle de fer, plus courte de plusieurs échelons car la mer a monté.

Les gardiens, de la petite porte, nous saluent longtemps encore.

Alors, comme la brise portait bien, fraîchie à souhait, que la mer, qui nous avait amenés, nous retournait, le capitaine, allumant un quatrième cigare, ordonna :

— Laisse venir, matelot, et chante-nous quelque chose.

Le matelot se jucha sur les cordages, et, d'une belle voix, entonna la mélopée bretonne :

>   Les douleurs sont des folles
>   Ceux qui les écoutent sont encore plus fous.

La vague, refoulée par l'étrave, rythmait la cadence ; la brise, dans les vergues, avait des frémissements de harpe doucement pincée...

J'allumai un cigare, à mon tour, je n'avais plus peur de la mer.

XX

DE SAINT-NAZAIRE.

Le train, qui me ramène en Berry, m'a déposé à Saint-Nazaire pour quelques heures, et, comme la première fois, je suis allé m'asseoir dans le jardin qui borde la Loire.

A courir les grèves et les routes, je suis las, triste aussi.

Les magnolias frissonnent sur ma tête et les fleurs n'en sont point encore toutes fanées.

Le robinet d'airain, dans la vasque de marbre, chante toujours en s'égouttant.

Les pierrots sont alignés sur les mêmes rameaux et des musiques ronflent encore sur la place de la Marine.

Tout reste ; seul, je m'en vais.

J'ai retrouvé, tout à l'heure, le même douanier, dans le port, le douanier au regard investigateur.

J'ai revu, aussi, à la porte d'un café, mes deux Couëronnes, transformées ! Affublées de tabliers blancs, qui bouffaient aux manches, un peigne, où brillaient des perles fausses, dans les cheveux, elles souriaient à deux matelots...

En relisant mes notes, je remarque que je n'ai

rien dit des plages mondaines ; j'ai parlé de ce que j'aime : de la mer, des grèves, des rochers, des coins solitaires où l'on peut rêver à l'aise.

Je suis triste de quitter la Bretagne, son ciel mélancolique et doux, ses horizons vaguement dorés que je ne reverrai jamais, peut-être, ce pays du passé qu'on ne saurait imiter et refaire... Je comprends qu'on revienne y vivre, ayant fait trois fois le tour du monde, comme le Jean Noël de la romance.

Je ne la quitte pas tout à fait... J'emporte, en moi, des paysages, bien des sites que je retrouverai en fermant les yeux.

J'emporte aussi des visions, nettes, de paludiers et de paludières, des... mais je n'en finirais pas !

Auprès de Lérat, entre Piriac et la Turballe, je sais une anse, une plage perdue, grande comme un tapis d'église... où il ferait bon planter sa tente.

Vers Guérande, c'est un vallon qui verdoie, même en automne. La brise y chante dans quelques pins protégés par les rochers des morsûres du *surouet*.

Du haut de la falaise, on a devant soi la mer, que rien ne limite, la mer jamais pareille, qui varie avec un rayon, un nuage sur le soleil, une voile qui passe, un poisson qui s'ébroue, qui se transforme cent fois le jour, par le calme, la brise, le vent d'ouest et celui de Guérande... la mer qui berce, endort et éveille... qu'on ne saurait oublier.

Voilà pourquoi je dédie ces feuilles :

AUX AMANTS DE LA MER !

FIN

GUIDE DES ÉTRANGERS

Principaux Monuments de [...]

Le touriste qui s'arrête à Nantes, ville de 127,000 habitants et chef-lieu du département de la Loire-Inférieure, visitera les monuments et places suivants :

Le *Château*, spécimen remarquable d'architecture du XV⁰ siècle. Les salles d'armes sont très intéressantes à voir, ainsi qu'un chef-d'œuvre de serrurerie surmontant le puits placé dans les fossés du donjon. Quatre tours ornaient la façade du donjon ; l'une d'elles sauta en 1800.

La *Préfecture*, ancien palais de la Chambre des Comptes de Bretagne. Une statue monumentale d'Alain-Barbe Torte orne le principal escalier.

Le *Musée de peinture*, un des plus riches de France, contenant plus de 1000 tableaux, 130 sculptures, 84 bas-reliefs, etc.

La *Cathédrale de Nantes* fut incendiée deux fois par les Normands. Celle que l'on admire actuellement fut construite place Saint-Pierre, en 1434. Le portique est d'architecture ogivale. A voir, le tombeau des Carmes, datant de 1507, contenant les dépouilles mortelles de François II et de sa femme, Marguerite de Foix. — Voir aussi le tombeau du général Lamoricière.

Une curieuse crypte romane, découverte il y a quelques années, s'étend sous une partie de la cathédrale.

L'*église Saint-Similien*, la plus ancienne de Nantes, et l'*église Saint-Nicolas*, de style gothique, dont le clocher a 85 mètres de hauteur. Tableaux du transept signés par Delaunay. Tombeau de Mgr Fournier, évêque de Nantes. L'*église Sainte-Croix*, remarquable par une riche verrière et son beffroi.

Le *Théâtre*, place Graslin, construit en 1796. Plafond d'Hippolyte Berteaux.

Le *passage Pommeraye*, à trois étages, garni de

jolis magasins ; il fait communiquer la rue Crébillon à la Bourse.

L'*Hôtel-de-Ville*, monument très ancien ; portail surmonté des statues de la Loire et de la Sèvre. De vieilles inscriptions romaines, encastrées dans la muraille, sous la galerie de droite, attestent son antiquité.

La *Bourse*, commencée en 1790, restaurée et agrandie en 1891. Dix statues allégoriques ornent la façade.

Le *Jardin des Plantes*, un des plus beaux de France, fut créé en 1805. Outre des essences d'arbres des plus rares, on y voit de superbes magnolias et des camélias poussant en pleine terre. Très belles serres, à côté desquelles on admire une *roseraie* ouverte dans la journée aux amateurs.

Le *cours Cambronne*, au milieu duquel se trouve une statue en bronze du général de ce nom, qui est enterré au cimetière de la Miséricorde.

La *place Royale*, que décore une fontaine monumentale. Une statue en marbre blanc symbolise la ville de Nantes ; les autres, la Loire et 4 de ses affluents.

Les *cours Saint-Pierre et Saint André*, que sépare une colonne surmontée de la statue de Louis XVI.

On peut encore visiter le Musée d'archéologie et la Bibliothèque publique, — le temple protestant — le Palais de Justice, surmonté du groupe allégorique : *La Justice protégeant l'Innocence contre le Crime* ; — le Théâtre de la Renaissance, contenant 2,500 places ; — l'Ecole des sciences, le Muséum d'histoire naturelle ; l'Eglise Notre-Dame, l'escalier de Sainte Anne, d'où la vue embrasse tout le port de Nantes, le pont de Pirmil, qui a 253 mètres, etc., etc.

Un service de navigation de la Basse-Loire des plus complets fonctionne et permet au touriste de descendre la Loire, avec escales, à Chantenay, Basse-Indre, Couëron, Le Pellerin, Le Migron, Paimbœuf, jusqu'à Saint-Nazaire.

S'adresser, pour les renseignements, à la Direction, Embarcadère du quai de la Fosse.

ITINÉRAIRES

Afin d'aider le touriste à visiter les sites les plus pittoresques et les monuments de la Loire-Inférieure et du Morbihan situés au bord de la mer, nous allons lui tracer quelques itinéraires pour ses pérégrinations.

Nous avons également cru joindre à ce guide les heures des marées pendant les mois de juillet, août, septembre et octobre, ainsi que les horaires des trains et ceux de la compagnie de navigation de la Basse-Loire. Tous les ans, pendant la belle saison, des trains d'excursion à prix très réduits déversent sur les côtes de Bretagne de nombreux voyageurs désireux de passer quelques heures au bord de la mer, n'ayant pas les ressources ni le temps nécessaires pour y louer une villa.

Nous consacrerons donc notre premier itinéraire aux voyageurs qui n'ont qu'une journée à consacrer au bord de la mer et qui, la plupart du temps, ne savent comment s'orienter.

1er Itinéraire.

Arrivée à St-Nazaire : 6 h. 1/2 du matin. La ville ne renferme aucun monument remarquable, si ce n'est un dolmen trilithe parfaitement conservé qui est le plus considérable et le plus curieux du du département. St Nazaire a une origine très reculée. De vieux pans de murs auxquels est adossée l'église sont, paraît il, les restes d'un château datant du VI° siècle qui appartenait au comte de Vannes. Il y a 50 ans, la ville n'était qu'un pauvre village de marins. Aujourd'hui, St-Nazaire est une ville de 31.000 habitants et tête de ligne de la navigation à vapeur pour les Antilles et l'Amérique du Sud.

Après une visite aux différents bassins du port, aux chantiers de construction et à un transatlantique, si on a le temps, on s'embarque (sauf quand la mer est mauvaise) vers 9 h 1/2 du matin pour Le Croisic. Coût : 2 fr. Arrivée au Croisic vers 11 heures. On débarque au bout de la jetée, qui a 1 kilomètre de longueur. Visite à la halle aux poissons. En haut du labyrinthe, on jouit d'une magnifique vue sur le golfe du Trait et les marais salants qui s'étendent à perte de vue.

A midi prendre le train jusqu'au bourg de Batz ou, si l'on a manqué le train, on monte dans l'omnibus qui conduit à la plage Valentin, située à quelques centaines de mètres de Batz. Visiter l'église (la tour a 55 mètres de hauteur) et la chapelle en ruines, datant du XVe siècle, de Notre-Dame-du-Mûrier, puis suivre pédestrement la côte à pied (1 heure 1/2 de chemin) jusqu'au Pouliguen. Cette partie de la côte est très accidentée par les nombreuses falaises qui présentent un aspect sauvage.

Le Pouliguen, séjour de nombreux touristes, n'a que sa plage et son bois de pins à visiter. Prendre ensuite le petit chemin de fer Decauville, dit *Trait d'Union*, jusqu'à La Baule. Un départ a lieu toutes les demi-heures. Voir à La Baule ses jolies villas, abritées par des pins plantés dans des dunes de sable. De La Baule, reprendre le Decauville qui conduit à Pornichet en suivant une plage sablonnée.

Pornichet est devenu une station mondaine des plus fréquentée. Un Casino y a été édifié.

On peut attendre à Pornichet le retour du train d'excursion qui part du Croisic à 8 h. 40, ou reprendre le chemin de fer à 4 h. 19, 6 h. 20 ou 6 h. 57 qui conduit à Saint-Nazaire.

On peut faire le même trajet inversement, c'est-à-dire s'arrêter à Pornichet, visiter successivement La Baule, Le Pouliguen, Batz, Le Croisic, et prendre à ce point terminus, vers 2 heures, le bateau qui vous ramène à St-Nazaire et que vous visitez en dernier lieu.

Dans le cas où le touriste aurait deux jours, il faut joindre à cet itinéraire une visite à Guérande ou une promenade en mer.

2me Itinéraire.

Le touriste qui dispose de huit jours et plus, peut s'arrêter d'abord à Nantes, qu'il visite, se rendre ensuite à Pornic, et de Pornic à l'île de

Noirmoutier. Revenir à Nantes, prendre le bateau qui conduit à Saint-Nazaire. De Saint-Nazaire, se rendre à Belle-Ile. Visiter, au Palais, la maison de Fouquet, la citadelle ainsi que la belle porte construites par Vauban. De là, on peut faire le tour de l'Ile en passant par Sauzon, port très sûr placé dans une position pittoresque; voir la pointe des Poulains, où Sarah Bernhardt a acheté un fort déclassé et où elle vient se reposer, pendant la belle saison, de ses fatigues artistiques. On admire les hautes falaises à pic, sur le bord de l'Océan, la Grotte de l'Apothicairerie, celle de Port-Coton, etc.

En Bangor, s'élève un phare électrique de 84 mètres, qu'il est intéressant de visiter.

De Belle-Ile, un service de bateaux a lieu deux fois par jour pour Quiberon. Un autre service de Belle Ile à Auray a lieu les lundis et vendredis; de Belle Ile à Lorient, le mercredi; et enfin, de Belle-Ile à Vannes. Consulter, pour les heures de départ, le Guide officiel de la Compagnie de navigation de la Basse-Loire.

Une mince bande de terre relie la presqu'île de Quiberon au continent. A Saint-Pierre et Locmaria-Quiberon, deux stations balnéaires et superbes plages. Deux ports à visiter, l'un sur la rade, l'autre sur la mer Sauvage avec ses grottes et ses falaises.

La baie de Quiberon est une des plus belles du monde; l'escadre du Nord y fait son apparition tous les ans. Cette ville offre de nombreux monuments druidiques, mais elle est surtout célèbre par la tentative de débarquement que firent les émigré d'Angleterre, en 1795.

LOCMARIAKER, à l'entrée de la rivière de Vannes et de la rivière d'Auray.

Monuments druidiques dont un, la *pierre de la Fée*, qui avait 21 mètres de hauteur, fut brisé par par la foudre en quatre morceaux; le *Men er rtual*, qui a 17 mètres. On voit, en outre, les ruines d'une ville romaine bien conservées, avec temple, théâtre, etc. Tout près de là, à l'Ile de *Gaer'inis*, on voit de remarquables grottes druidiques.

A CARNAC, situé à quatre kilomètres de la gare de Plouharnel, on est en plein pays des dolmens et des menhirs ; on voit onze rangées de pierres druidiques, partagées en quatre groupes d'alignements dits du Ménec, ce qui donne l'impression d'une vaste nécropole. On voit aussi des vestiges de villas romaines et un musée d'antiquités très curieux à visiter. L'église est remarquable par sa tour élancée, une porte de style dorique, surmontée d'un baldaquin en granit. — De la chapelle du mont Saint-Michel, on a une fort belle vue sur la mer. — Remarquer le menhir de Kerdret et le dolmen du Feutet.

Auray. — Le touriste qui se rend à Auray en remontant la rivière du Loch, jouit, sur tout le sinueux parcours de cette rivière, de points de vue des plus variés et des plus pittoresques, qui ont fait surnommer ce pays boisé une petite Suisse. La rivière est navigable jusqu'au pont de Saint-Goustan. Ce qui frappe en arrivant à Auray, c'est le superbe décor qu'il aperçoit : la petite ville étagée et comme accrochée au flanc de la montagne, au milieu d'un cadre de verdure. Sur la promenade du Loch, se trouve une tour d'où l'on embrasse un très bel horizon.

D'Auray, on se rend à Sainte-Anne d'Auray, célèbre pèlerinage en pleine campagne, en voiture et en chemin de fer Visiter la célèbre basilique, qui renferme des richesses dues à la piété des fidèles ; le maître-autel est splendide, ainsi qu'un autel donné par Sa Sainteté Léon XIII, qui affecte la forme d'un bateau. La *Scala sancta*, dont les pèlerins gravissent l'escalier en se traînant sur les genoux. — L'intérieur du cloître de Sainte-Anne est à visiter, ainsi que le monument du comte de Chambord.

La Chartreuse, à 5 kilomètres d'Auray et tout près de la gare. En remontant la vallée du Loch, les environs sont très pittoresques ; Tréauray avec ses moulins, la roche branlante de Brech. Le couvent, habité jusqu'à la Révolution par des Chartreux, l'est aujourd'hui par les religieuses de la Sagesse. — Voir une reproduction de la vie de Saint Bruno, par Lesueur ; — la chapelle funéraire avec un superbe mausolée en marbre blanc où sont écrits les noms des victimes de Quiberon ; une sœur, avec une lanterne qu'elle descend dans l'ossuaire, vous montre leurs ossements ; — voir aussi le monument du champ des Martyrs, de style grec, près des marais où les chefs bretons furent fusillés, ainsi qu'une belle croix, sur la hauteur, érigée sur l'emplacement où eut lieu la bataille entre Jean de Montfort et Charles de Blois, en 1364. — Voir aussi à Pluncret le tombeau de Monseigneur de Ségur.

Une très jolie excursion à faire est celle du golfe du Morbihan, qui renferme, dit-on, 365 îles ou îlots. Un service de bateaux, comme nous l'avons dit, est établi jusqu'à Vannes.

La presqu'île de Rhuys est une des plus curieuses à visiter. — A Arzon, voir Pornavalo, sur la rivière de Vannes, en face de Locmariaker, l'église, la butte de Tumiac, tombeau celtique, etc.

A *Saint-Gildas*, voir l'abbaye fondée par le célèbre moine au bord de l'Océan. Abélard y séjourna très longtemps. Les religieuses de la Charité y reçoivent de nombreuses familles pendant la saison balnéaire.

Visiter Sarzeau, chef lieu de la presqu'île, l'île aux Moines, etc., et enfin Vannes, remarquable surtout par sa vieille ville, où se trouvent la cathédrale, une partie des anciens remparts, la tour du Connétable, etc., ancienne résidence des ducs de Bretagne.

Une de ses plus belles promenades est la *Garenne*, succession de terrasses en amphithéâtre. On peut se rendre compte, par ce rapide aperçu, que cette partie de la Bretagne est intéressante à visiter. Aussi, tous les ans, de nombreux touristes français et étrangers ne cessent de la sillonner en tous sens.

SERVICE D'ÉTÉ. — CHEMIN DE FER DE PARIS-ORLÉANS AU CROISIC

Paris au Croisic

	soir	matin	matin	soir	soir	matin	matin	soir
Paris........dép.	9.40	»	»	11.30	8.27	11.18	»
Orléans........	11.30	»	»	»	9.57	midi 40	»
Blois........	12.46	»	»	»	11.16	2.—	»
Tours........	1.23	»	»	6.50	11.57	2.53	»
Saumur........	2.55	»	»	8.32	1.19	4.10	»
Angers........	4.14	6.15	»	9.17	2.15	5.02	»
Nantes........	6.12	6.25	7.15*	2.3	4.10	7.14	7.25
Bourse (Nantes)	6.11	6.30	7.20	9.10 2.13	4.20	7.22	7.24
Savenay........	7.12	7.30	8.23*	9.20 3.26	5.30	8.14	8.45
Saint-Nazaire........	7.46	8.22	9.23*	10.46 4.13	6.13	8.49	9.24
Pornichet........	8.16	8.51	9.51*	10.12 4.42	6.41	9.13	10.—
Escoublac-la-Baule	8.25	9.3	10.10*	11.12 4.53	6.51	9.21	10.10
Batz........	8.34	9.17	10.18*	11.21 5.2	6.59	9.29	10.17
Le Pouliguen	8.41	»	»	11.23 5.3	7.6	9.33	10.24
Le Croisic...arr.	8.47	9.23	10.24*	11.41 5.15	7.12	9.41	10.30
	soir	matin	matin	soir	soir	matin	soir	soir

Le Croisic à Paris

	matin	matin	matin	matin	soir	soir	soir	soir	soir	soir
Le Croisic...dép.	5.26	7.26	8.14	11.45	2.43	5.40	6.24	7.51*	8.24
Batz........	5.31	7.32	8.21	11.51	3.50	5.46	6.30	7.57*	8.40
Le Pouliguen	5.39	7.39	8.32	midi	3.58	5.55	6.39	8.6*	8.49
Escoublac-la-Baule.	5.48	7.48	8.41	— 10	4.8	6.10	6.49	8.15*	8.59
Pornichet........	5.56	7.56	8.52	— 19	4.19	6.20	6.57	8.24*	9.10
Saint-Nazaire........	6.21	8.21	9.29	— 51	4.50	6.53	7.25	8.50*	9.41
Savenay........	»	9.10	10.23	1.42	5.43	7.27	8.7	9.43*	10.35
Bourse (Nantes)	»	10. 3	10.32	2.48	6.52	8.12	9.13	10.49*	11.31
Nantes........	»	10.10	midi18	3. 5	6.59	8.50	9.20	10.54*	11.55
Angers........	»	»	2.44	4.53	»	10.27	»	»	1.27
Saumur........	»	»	4.23	5.46	»	11.16	»	»	2.25
Tours........	»	»	6.31	7.1	»	mis. 41	»	»	4.— 3
Blois........	»	»	8.17	»	»	1.54	»	»	6.28
Orléans........	»	»	9.30	8.17	»	2.43	»	»	6.28
Paris...arr.	»	»	11.38	9.25	»	5.8	»	»	8.25
	matin	matin	matin	matin	soir	soir	soir	soir	matin

* Ces trains ont lieu les dimanches et fêtes, jusqu'au 1er Octobre inclus.

Embranchement d'Escoublac-la-Baule à Guérande.

	matin	matin	matin	matin	matin	jour	soir	soir	soir	soir	soir
Escoublac-la-Baule...dép.	5.50**	7.46	9. 5	10. 5*	11.24	12.17	1.40**	4.58	6.57	8.13*	9.28	10.16
Guérande............arr.	6. **	7.56	9.15	10.15*	11.34	12.27	1.53**	5.11	7. 7	8.23*	9.38	10.26
Guérande............dép.	5.23**	7.21	8. 0	9.40*	10.58	11.46	1.14**	3.45	5.45	7.46*	8.35	9.50
Escoublac-la-Baule...arr.	5.37**	7.35	8.23	9.54*	11.12	12.	1.28**	3.59	5.59	8. *	8.49	10. 4

* Ces trains n'auront lieu que les dimanches et jours de fêtes jusqu'au 1ᵉʳ octobre inclus.

** Ces trains ont lieu les dimanches et jours de fête du 1ᵉʳ avril au 30 juin inclus, du 1ᵉʳ octobre au 31 octobre inclus. Ces trains ont lieu, en outre, tous les jours du 1ᵉʳ juillet au 30 septembre inclus.

I — **Service du Croisic à Pen-Bron :**

Plusieurs bateaux font à toute heure, et à peu près à toutes les cales, le service de passage entre le Croisic et Pen-Bron. — La rétribution varie.

II — **Service d'omnibus de la Plage-Valentin au Bourg-de-Batz et au Croisic (et *vice-versa*) :**

1° *De la Plage Valentin à Batz.* — Soir : 1 h. 15, 6 h. 15.
2° *De Batz à la Plage Valentin.* — Soir : 1 h. 30, 6 h. 30.
3° *De la Plage Valentin au Croisic.* — Matin : 8 h. 50, 11 h. 30 ; — soir : 1 h. 45, 3 h., 4 h. 30, 6 h. 45.
4° *Du Croisic à la Plage-Valentin.* — Matin : 9 h. 20, 11 h. 45 ; — soir : 2 h., 3 h. 20, 5 h., 7 h.

III — **Correspondance entre la gare de Pornichet et l'Hôtel de la Plage Sainte-Marguerite :**

Départs de l'Hôtel de la Plage Sainte-Marguerite. — Matin : 7 h. 55, 10 h. 30 (facultatif) ; — soir : 3 h. 30 (facultatif), 5 h. 30, 8 h.

Départs de la station de Pornichet. — Matin : 8 h. 55, 11 h. 20 (facultatif) ; — soir : 4 h. 50 (facultatif), 6 h. 50, 9 h. 20.

Pour les autres trains, service libre sur demande.

Durée du trajet, 25 à 30 minutes.

Prix des places. — De Sainte-Marguerite au pont de Pornichet (ou *vice-versa*), 0 50 ; — de Sainte-Marguerite à la gare de Pornichet (ou *vice-versa*), 0 fr. 60 ; — d'un point quelconque de Bonne-Source ou de Pornichet au pont ou à la gare de Pornichet (ou *vice-versa*). 0 fr. 50.

IV — Services de voitures entre Saint-Marc et Saint-Nazaire :

(Desservant VILLÈS-MARTIN et BELLE-FONTAINE, tant à l'aller qu'au retour.)

L'omnibus faisant la correspondance du chemin de fer d'Orléans dessert, à l'arrivée : les trains de 10 h.40 du matin et de 6 h.7 du soir ; — au départ : les trains de 8 h.24 du matin et de 4 h. 54 du soir. — *Départs des bureaux* (Saint-Nazaire, 15, rue du Calvaire) : 11 h., matin ; 6 h., soir.

Saint Marc, Hôtel de l'Océan. — Matin : 7 h. 15 ; soir : 3 h.45.

Prix des places. — Aller : 1 fr.; aller et retour (dans la même journée), 1 fr.50.

L'omnibus s'arrête, au passage à Saint-Nazaire, au Café de l'Univers et au Grand Café.

V — Services de voitures entre Saint-Nazaire et Belle-Fontaine, plage de la Rougeole :

(Desservant le CASINO, SAUTRON et VILLÈS-MARTIN.)

Prix des places. — Casino, 0 fr.15 ; Sautron, 0 fr.20 ; Villès Martin, 0 fr. 20 ; Belle Fontaine, 0 fr.30.

Heures des Départs — De Saint-Nazaire. — Matin : 7 h. 15, 10 h 30 ; soir : 1 h., 5 h. 30. — De Belle-Fontaine. — Matin : 8 h., 11 h 15 ; soir : 1 h.15, 6 h.15. — De Villès-Martin. — Matin : 8 h.10, 11 h.25 ; 1 h. 25, 6 h. 25.

Bureaux. — Saint-Nazaire, rue de l'Océan, aux *Facteurs Réunis* ; — Villès-Martin : à *Mon Idée* ; — Belle-Fontaine : chemin de la plage.

NOTA. — 50 billets pris d'avance au prix du tarif donnent droit aux commissions gratis.

VI — Passages d'eau de Saint-Nazaire à Mindin :

De Saint-Nazaire à Mindin. — Matin : 5 h.30, 7 h 30, 8 h. 30, 9 h 35 ; — soir : 1 h. 30, 2 h 30, 3 h.45, 4 h. 45, 6 h.20, 7 h.45.

De Mindin à Saint-Nazaire. — Matin : 5 h. 45, 7 h. 45, 9 h. 50, 11 h. 15 ; — soir : midi 15, 1 h. 45, 2 h. 45, 4 h., 5 h., 6 h. 35, 8 h.

VII — Service de voitures entre Guérande, la Turballe et Piriac :

Guérande (cour de la gare). — Départs : 9 h., matin ; 7 h., soir.

Piriac (Hôtel Rio). — Départs : 6 h. 30, matin ; 2 h., soir.

Aller, 1 fr 25 ; — Aller et retour : 2 fr. — Le voyage dure une heure environ.

(D'autres voitures font le service pour le même prix, à des heures irrégulières.)

VII — Services de la C⁰ de Navigation de la Basse-Loire :

SERVICE DE NANTES A SAINT-NAZAIRE, AVEC ESCALES A CHANTENAY, BASSE-INDRE, COUERON, LE PELLERIN, LE MIGRON ET PAIMBŒUF. — Embarcadère : Ponton du Quai de la Fosse.

Café-Restaurant à bord. — *Déjeuners à la carte.* — *Prix modérés.*

Départ de Nantes : 8 heures du matin. — *Départ de Saint-Nazaire :* 3 heures du soir.

Prix des places. — Billets simples : 1ʳᵉ classe, 2 fr. 50 ; 2ᵉ classe, 1 fr 50. Aller et retour : 1ʳᵉ classe, 4 fr. ; 2ᵉ classe, 2 fr. 50. — Les billets d'aller et retour sont valables du jour de la délivrance au surlendemain ; les dimanches et jours de fêtes ne sont pas comptés.

Billets d'aller et retour mixtes. — Billets mixtes avec les chemins de fer de l'Etat entre Nantes et Paimbœuf : 1ʳᵉ classe, 4 fr. 75 ; 2ᵉ classe, 3 fr. 95 ; 3ᵉ classe, 2 fr. 80. — Billets mixtes avec les chemins de fer d'Orléans entre Nantes et Saint-Nazaire : 1ʳᵉ classe, 5 fr ; 2ᵉ classe, 4 fr ; 3e classe, 2 fr. 75.

Ces billets permettent aux voyageurs d'utiliser leur coupon d'aller par le chemin de fer et le coupon de retour par le bateau ou réciproquement.

Les billets mixtes NANTES-PAIMBŒUF sont délivrés

soit sur le bateau, soit dans les gares de Nantes-État et de Paimbœuf, et sont valables le jour de l'émission, le lendemain et le surlendemain.

Les billets mixtes NANTES - SAINT - NAZAIRE sont délivrés soit sur le bateau, soit dans les gares de Nantes-Orléans, Nantes-Bourse et de Saint-Nazaire, et sont valables jusqu'au lendemain du jour pour lequel ils sont délivrés.

Pour tous détails complémentaires, il est indispensable de consulter le *Petit Guide Indicateur officiel de la Cie de navigation de la Basse-Loire*, qui fournit, en outre, quantité d'horaires et de renseignements utiles concernant la région.

SERVICE DE BELLE-ILLE A QUIBERON (Service postal en correspondance avec le chemin de fer d'Orléans)

Départs de Belle-Ille. — Du 1er juillet au 31 août : 7 h. et 11 h., matin ; 4 h., soir. — Du 1er au 30 septembre : 7 h. et 11 h., matin ; 3 h., soir.

Départs de Quiberon. — Du 1er juillet au 31 août : 9 h. 15, matin ; 1 h. et 6 h., soir — Du 1er au 30 septembre : 9 h. 15, matin ; 1 h. et 5 h., soir.

SERVICE DE BELLE-ILLE A AURAY.

Départs de Belle-Ile. — Les lundis et vendredis, suivant les heures de marée (1)

Départs d'Auray. — Les mardis et samedis, suivant les heures de marée (1).

SERVICE DE BELLE-ILE A LORIENT.

Départs de Belle-Ile. — Les mercredis, samedis et dimanches, suivant les heures de marée (1).

Départs de Lorient. — Les lundis, vendredis et dimanches, suivant les heures de marée (1).

NOTA — Jusqu'au 15 septembre, tous les jeudis voyage supplémentaire avec retour le même jour.

(1) AVIS IMPORTANT. — Pour tous les détails des services ci-dessus, spécialement heures des départs et prix des places, se reporter aux affiches et à l'indicateur officiel que la Compagnie distribue gratuitement au public.

Service de Belle-Ile a Saint-Nazaire (Du 1er août au 14 septembre).

Départs de Belle-Ile. — Le samedi, 7 h., matin.

Départs de Saint-Nazaire — Le lundi, 1 h. 15, soir.

AVIS. — Les enfants au dessous de cinq ans seront transportés gratuitement, à la condition qu'ils soient portés sur les bras à l'embarquement et au débarquement ; au dessus de cinq ans, ils paieront place entière.

~~~~~~

Les plus hautes Marées en 1897 pour les mois de Juillet, Août, Septembre et Octobre.

JUILLET	SEPTEMBRE
P. L. le 14 à 5 h. 2 mat.	P. L. le 11 à 2 h. 21 mat.
N. L. le 29 à 4 h. 7 soir.	N. L. le 26 à 1 h. 56 soir.
AOUT	**OCTOBRE**
P. L. le 12 à 2 h. 32 soir.	P. L. le 10 à 4 h. 51 soir.
N. L. le 28 à 3 h. 38 mat.	N. L. le 25 à 11 h. 37 soir.

~~~~~~

SERVICE DU "TRAIT-D'UNION"
(Chemin de Fer Decauville)

De Pornichet au Pouliguen

		MATIN					SOIR				
Pornichet............dép.	7. »	8. »	9. »	10. »	11. »	1. »	2. »	3. »	4. »	5. »	6. »
La Baule............{arr.	7.25	8.25	9.25	10.25	11.25	1.25	2.25	3.25	4.25	5.25	6.25
La Baule............{dép.	7.30	8.30	9.30	10.30	11.30	1.30	2.30	3.30	4.30	5.30	6.30
Le Pouliguen........arr.	7.45	8.45	9.45	10.45	11.45	1.45	2.45	3.45	4.45	5.45	6.45

Du Pouliguen à Pornichet

		MATIN					SOIR				
Le Pouliguen.........dép.	8. »	9. »	10. »	11. »	1. »	2. »	3. »	4. »	5. »	6. »	7. »
La Baule............{arr.	8.15	9.15	10.15	11.15	1.15	2.15	3.15	4.15	5.15	6.15	7.15
La Baule............{dép.	8.25	9.25	10.25	11.25	1.25	2.25	3.25	4.25	5.25	6.25	7. »
Pornichet...........arr.	8.50	9.50	10.50	11.50	1.50	2.50	3.50	4.50	5.50	6.50	7. »

Les Dimanches et Fêtes, il pourra exister un train supplémentaire.

PRIX DES PLACES. — Du Pouliguen à la Baule (ou vice-versa), 0 fr. 50 ; — de Pouliguen à Pornichet (ou vice-versa), 0 fr. 50 ; — de Pornichet à la Baule (ou vice-versa). 0 fr. 30 ; — de Pouliguen à Pornichet à l'Hôtel de la Plage, 0 fr. 20 ; — de Pornichet à Mazy, 0 fr. 20.

— 17 —

Marées à Saint-Nazaire

JUILLET

voir l'heure des Marées à Nantes, ajouter 2 h. 22 de Saint-Nazaire,
avoir l'heure locale, retrancher : 18 minutes.

Jours du mois	Jours de la semaine	PLEINES MERS.		BASSES MERS.	
		Matin.	Soir.	Matin.	Soir.
		Heure de Paris.	Heure de Paris.	Heure de Paris.	Heure de Paris.
		h. m.	h. m.	h. m.	h. m.
1	J.	4 33	4 49	11 22	11 40
2	V.	5 6	5 23	11 59	.. ..
3	S.	5 40	5 58	0 16	0 35
4	D.	6 16	6 35	0 54	1 13
5	L.	6 54	7 15	1 33	1 53
6	M.	7 38	8 5	2 15	2 37
7	M.	8 37	9 15	3 1	3 26
8	J.	10 0	10 47	3 53	4 21
9	V.	11 29	.. ..	4 51	5 24
10	S.	0 8	0 41	5 58	6 33
11	D.	1 11	1 39	7 8	7 43
12	L.	2 5	2 31	8 17	8 53
13	M.	2 56	3 20	9 26	9 57
14	M.	3 42	4 5	10 26	10 53
15	J.	4 27	4 48	11 17	11 40
16	V.	5 8	5 28	.. ..	0 2
17	S.	5 47	6 5	0 22	0 42
18	D.	6 23	6 42	1 2	1 21
19	L.	7 0	7 19	1 39	1 58
20	M.	7 39	8 3	2 17	2 36
21	M.	8 28	9 0	2 50	3 18
22	J.	9 37	10 23	3 42	4 7
23	V.	11 1	11 50	4 35	5 7
24	S.	.. ..	0 27	5 42	6 17
25	D.	0 59	1 28	6 53	7 27
26	L.	1 52	2 15	7 58	8 28
27	M.	2 35	2 54	8 55	9 20
28	M.	3 13	3 29	9 43	10 5
29	J.	3 46	4 2	10 26	10 45
30	V.	4 18	4 34	11 4	11 23
31	S.	4 50	5 7	11 41	11 59

AOUT

JOURS DU MOIS.	J. DE LA SEMAINE.	PLEINES MERS		BASSES MERS	
		Matin. Heure de Paris.	Soir. Heure de Paris.	Matin. Heure de Paris.	Soir. Heure de Paris.
		h. m.	h. m.	h. m.	h. m.
1	D.	5 23	5 39	.. ..	0 16
2	L.	5 56	6 13	0 3½	0 52
3	M.	6 32	6 48	1 10	1 29
4	M.	7 9	7 32	1 49	2 9
5	J.	7 51	8 28	2 31	2 51
6	V.	9 9	10 0	3 21	3 50
7	S.	10 53	11 16	4 24	5 1
8	D.	.. ..	0 30	5 42	6 24
9	L.	1 7	1 38	7 5	7 44
10	M.	2 6	2 31	8 20	8 53
11	M.	2 55	3 17	9 24	9 52
12	J.	3 37	3 56	10 17	10 40
13	V.	4 15	4 33	11 2	11 22
14	S.	4 49	5 7	11 40	11 54
15	D.	5 22	5 38	.. ..	0 15
16	L.	5 53	6 9	0 32	0 48
17	M.	6 23	6 39	1 3	1 20
18	M.	6 55	7 12	1 36	1 52
19	J.	7 30	7 51	2 10	2 28
20	V.	8 18	8 52	2 49	3 12
21	S.	9 37	10 36	3 38	4 11
22	D.	11 31	.. ..	4 49	5 33
23	L.	0 23	1 2	6 17	6 57
24	M.	1 32	1 57	7 33	8 4
25	M.	2 17	2 36	8 31	8 56
26	J.	2 53	3 10	9 18	9 49
27	V.	3 26	3 42	10 1	10 21
28	S.	3 57	4 13	10 39	10 57
29	D.	4 28	4 44	11 16	11 33
30	L.	5 0	5 16	11 51	.. ..
31	M.	5 32	5 49	0 9	0 26

SEPTEMBRE

JOURS DU MOIS.	J. DE LA SEMAINE.	PLEINES MERS.		BASSES MERS.	
		Matin. Heure de Paris.	Soir. Heure de Paris.	Matin. Heure de Paris.	Soir. Heure de Paris.
		h. m.	h. m.	h. m.	h. m.
1	M.	6 7	6 25	0 44	1 3
2	J.	6 45	7 6	1 23	1 44
3	V.	7 30	7 59	2 7	2 32
4	S.	8 38	9 30	2 59	3 33
5	D.	10 39	11 42	4 10	4 51
6	L.	.. ..	0 32	5 41	6 21
7	M.	1 11	1 40	7 8	7 44
8	M.	2 6	2 27	8 16	8 46
9	J.	2 47	3 6	9 12	9 36
10	V.	3 24	3 40	9 58	10 18
11	S.	3 55	4 11	10 38	10 56
12	D.	4 26	4 40	11 13	11 29
13	L.	4 55	5 9	11 44	.. ..
14	M.	5 22	5 36	0 0	0 14
15	M.	5 49	6 4	0 29	0 43
16	J.	6 19	6 34	0 59	1 14
17	V.	6 49	7 7	1 30	1 48
18	S.	7 28	7 53	2 7	2 28
19	D.	8 30	9 19	2 54	3 25
20	L.	10 33	11 40	4 5	4 51
21	M.	.. ..	0 31	5 40	6 23
22	M.	1 5	1 32	6 59	7 30
23	J.	1 53	2 11	7 57	8 21
24	V.	2 27	2 43	8 43	9 5
25	S.	2 59	3 14	9 25	9 46
26	D.	3 30	3 46	10 6	10 26
27	L.	4 2	4 18	10 45	11 4
28	M.	4 34	4 51	11 24	11 43
29	M.	5 9	5 27	.. ..	0 2
30	J.	5 46	6 6	0 22	0 42

OCTOBRE

JOURS DU MOIS.	J. DE LA SEMAINE.	PLEINES MERS.		BASSES MERS	
		Matin.	Soir.	Matin.	Soir.
		Heure de Paris.	Heure de Paris.	Heure de Paris.	Heure de Paris.
		h. m.	h. m.	h. m.	h. m.
1	V.	6 27	6 49	1 3	1 27
2	S.	7 15	7 47	1 51	2 19
3	D.	8 28	9 26	2 51	3 27
4	L.	10 39	11 44	4 9	4 54
5	M.	.. ..	0 30	5 40	6 22
6	M.	1 4	1 31	6 58	7 30
7	J.	1 53	2 12	7 58	8 23
8	V.	2 30	2 46	8 47	9 8
9	S.	3 3	3 17	9 30	9 49
10	D.	3 32	3 46	10 7	10 25
11	L.	4 0	4 14	10 42	10 58
12	M.	4 28	4 41	11 14	11 29
13	M.	4 55	5 9	11 45	.. ..
14	J.	5 22	5 37	0 0	0 14
15	V.	5 51	6 6	0 30	0 45
16	S.	6 23	6 40	1 2	1 19
17	D.	7 0	7 23	1 38	2 0
18	L.	7 53	8 35	2 25	2 55
19	M.	9 32	10 44	3 52	4 13
20	M.	11 42	.. ..	4 56	5 36
21	J.	0 24	0 54	6 12	6 44
22	V.	1 18	1 38	7 11	7 36
23	S.	1 56	2 12	7 59	8 22
24	D.	2 28	2 44	8 44	9 7
25	L.	3 2	3 18	9 29	9 52
26	M.	3 35	3 53	10 14	10 ..
27	M.	4 12	4 30	10 59	11 21
28	J.	4 50	5 11	11 43	.. ..
29	V.	5 32	5 55	0 6	0 29
30	S.	6 13	6 43	0 53	1 18
31	D.	7 10	7 43	1 46	2 14

www.ingramcontent.com/pod-product-compliance
Lightning Source LLC
Chambersburg PA
CBHW071939160426
43198CB00011B/1468